モダン京都

MODERN KYOTO

〈遊楽〉の空間文化誌

KATO MASAHIRO
加藤政洋――編

ナカニシヤ出版

図０－１　四条大橋の近代風景

図０－２　1960 年の祇園祭　四条烏丸／役行者山（加藤藤吉撮影）

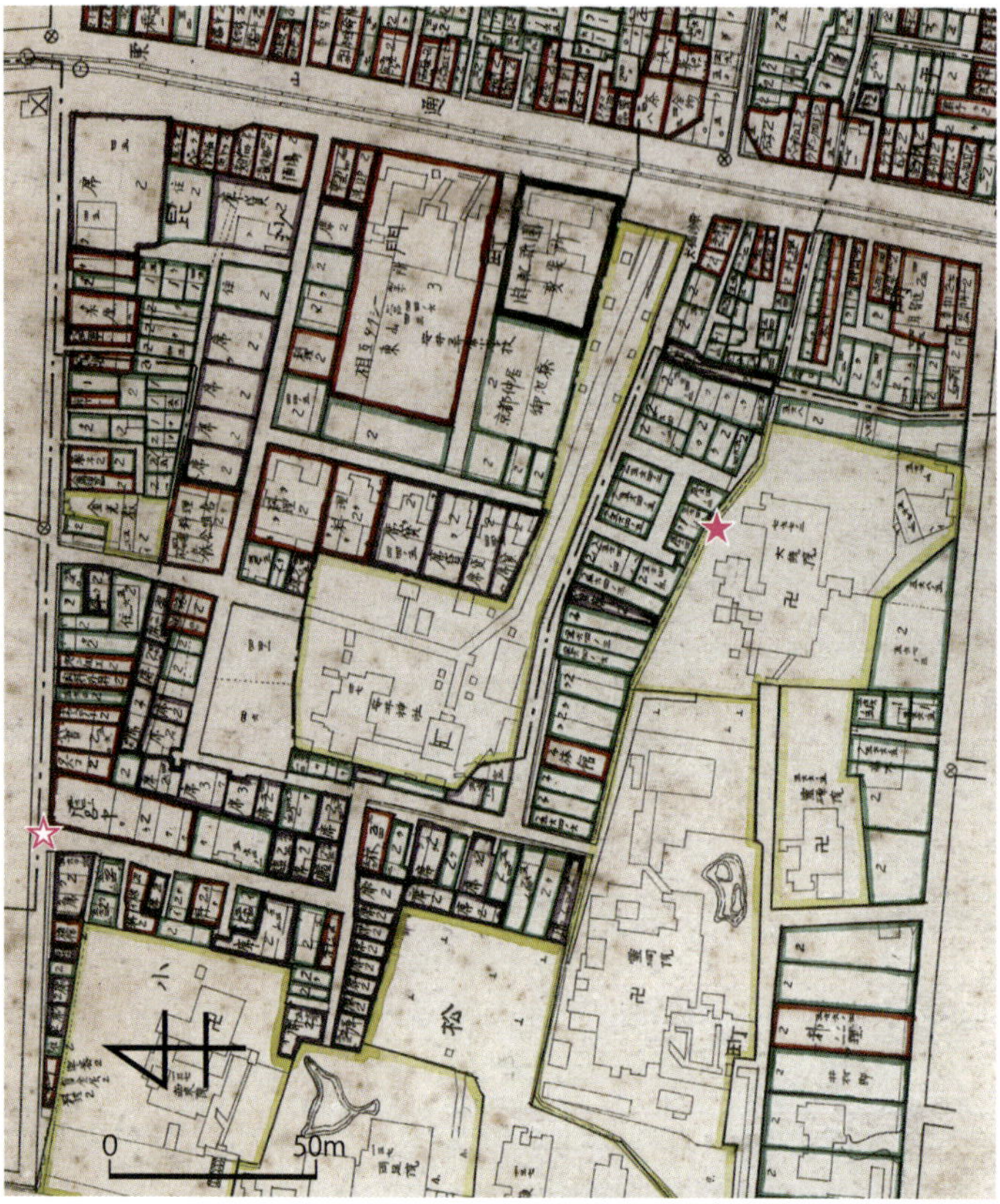

図０－３　安井神社の周辺
（京都府立総合資料館蔵「京都市明細図」SE28 に加筆）

モダン京都――〈遊楽〉の空間文化誌＊目次

モダン京都――〈遊楽〉の空間文化誌

序章　文学の風景を歩く

「京都市明細図」が面白い。これは、昭和二（一九二七）年に作成され、昭和二六年ごろまで加筆・修正が施されたという（ある種の）住宅地図で、市街地全体が二八〇を超える図幅に分割されて細密に描かれている。同図は現在、立命館大学アート・リサーチセンターから「近代京都オーバーレイマップ」のレイヤーのひとつとしてインターネット上で公開されており、Google マップと重ね合わせるなどして、手軽に閲覧することができる。[1]

どこが面白いのかといえば、「地図画面の右上にあるスライダーを左右に移動させると、地図の透明度を任意に変更でき」ることから、Google マップ上に描かれる現在と約七〇年前の過去とを、建物レヴェルで自由自在に往還できることだ。「京都市明細図」の特色は、ひとつひとつの土地区画を緑・赤・黄・青・紫などの色で塗り分けることによって、建物用途の様態を視覚的に表現しているところにある。緑色は住宅、赤色は店舗、オレンジ色は学校などの公共施設、黄色は宗教関連の施設、青は工場、そして紫は花街とそれに関係する区画なのであった。区画のなかには、業種や階層数、あるいは地番などの文字情報も書き込まれているところがある。

たとえば、お決まりのコースを歩く観光客の目に京都らしいと映る街並みがあるとする――そこに「京都市明細図」をオーバーレイしてみよう。すると、その街並みは、とたんにこれまでとは違った風景にみえてくるにちがいない。あるいは、こんな使い方もできる。実際の距離よりも少し長く感じられる道程となるが、ぜひお付き合いしていただきたい。

＊　＊　＊

ある女性に恋い焦がれる中年の男がいる。小説のなかの話だ。行方をくらませた女の居場所を突き止めようと、その男が彼女の母親をそっと尾けるシーン――彼の足取りを、「京都市明細図」のなかでたどってみよう（口絵の図0-3を参照）。出発点は、左下にある湯屋（☆）だ。図中では、「風呂ヤ2」と表記されている。末尾の数字は階数を示す。

湯屋の横丁を右に折れた母親を五六間先へ遣り過して置いて、田原はそうつと其後から附けてゆくと、道は一と筋で、間もなく左に折れる。そして四五間東に向いて往き、今度は又右に折れる、それから少しいつて、又も一つ左に曲がる。田原は、前にゆく母親に気付かれてはならぬと、可なりの間隔を置いて附けてゆくので、その間にもし、両側に建ち並ぶ家の中に入つてしまつて、何処の入口へ姿が消えたか見失つては一大事と、曲り角の処まで往くと、俄に急いで、母親とは五六尺くらゐの距離に追い付いた。しかし、もう何処かそこらの家へ這入つてゆきはしないかと思ひながら後を追ふてゐたが、なか〳〵這入りさうにない、その辺は金毘羅の境内をずつと取巻いて、その外廓に小意気な二階造りの家が建つてゐるので、境内の絵馬堂の処まで行くと、普通の人家は道の右側ばかりになつて左手は空地が多く、向うはすぐ東山の高台寺から八坂の塔の方が見晴らされた。田原は身を隠すに都合のいゝ物蔭がないので、片側に建つた家の軒から軒にぴつたり平蜘《ひらぐも》のやうに身を附著《くつつ》けながら、何処までも母親の歩いて行くのを追ふてゐると、最初感づいたとほりに、果して、去年の十一月の末探《たず》ねあてゝいつた、もとの露路の中に入つていつた。

…〔略〕…石畳みに足音を立てぬやうに、そうつと大事をとりつゝ、尚ほその露地に入つてゆくのを付けてゐると、表の通りから一側裏になつた路地の中にも六七軒、二階建やら平家の棟割造りが建つてゐて、小広く取つた路地は曲尺《かねじゃく》なりに右にずつと折れ曲がつてゐる。

…〔略〕…後姿を眼で追掛けると、やつぱり三軒建ちの平家の、中央《まんなか》の家の入り口を這入つて、今丁度腰から下の方が半分ばかり斜めに戸口の外に残つてゐるところであつた。(2)

男の足取りを追って、★までたどり着くことができたであろうか。安井神社の南の通りから入った裏の「路地は曲尺《かねじゃく》なりに右にずつと折れ曲がつて」とあるので、母親はなぜかひとつ目ではなく、二番目の路地を入ったことになる。その路地のなかには、「二階建やら平家の棟割」長屋が六、七軒あるものの、母親が帰っていったのは三軒並んだ平屋の真ん中であった。「京都市明細図」の★の位置には、たしかに「1」と書き入れられた緑（＝住宅）の区画——すなわち平屋の住宅——が三つ並んでいる。

＊　＊　＊

これは、近松秋江《ちかまつしゅうこう》の小説『二人の独り者』（一九二三年）の一幕である。戦災の規模が他都市とくらべて小さく、大規模な再開発の行なわれていない市街地にあっては、このように大縮尺（一二〇〇分の一）の「京都市明細図」をたよりに、歴史空間を気軽に漫歩することができるのだ。

『二人の独り者』のなかで秋江は、この一幕の舞台となった安井金毘羅宮周辺を、次のように描いている。

安井の金毘羅宮の境内は、つい四五年前までは竹藪の一ぱい生ひ茂つた叢林《くさむら》であつたが、開けてゆく京の都の繁華に、以前は狐狸の棲み荒した一廓に、小意気な家が建ち、今では近所の祇園町育ちの化粧の者が、猫と小婢《こをんな》と三人きり、不断は男気なしに住んでゐるのが多い処である。(3)

祇園花街に隣接するこの界隈には、「小意気な家が建ち」ならび、花街の関係者も暮らす街になっていたのだという。この描写をふまえて、もういちど「京都市明細図」（図0‐3）をみてみよう。すると、境内を取り巻くように、「席2」と記された紫区画の集積していることがわかる。紫区画は花街のお茶屋と連類する用途を示すのだけれども、神社の周辺は花街そのものではない。すると、この紫区画こそが秋江の描く「小意気な家」のように思えてくるのだが、実際はどうであろうか？

本書は、文学作品、地図・絵図、そして古写真などを材料にして、モダン京都における〈遊楽〉の風景を探訪しながら、都市空間の随所に埋もれた場所の意味と系譜を掘り起こす試みである。「〈宿〉と〈文学〉のトポロジー」、「景観とスペクタクル」、「花街周辺の〈遊楽〉」という、三つの主題から構成され、いずれの章も京都を訪れた文人たちの足取りをたよりに、〈遊楽〉をめぐる場と連関する歴史空間へとわけいってゆく。

第一章から第四章の主題は「〈宿〉と〈文学〉のトポロジー」である。ここでは、京都に遊んだ文人たちの〈宿〉、あるいはさまざまな文学作品に登場する〈宿〉と〈遊楽〉との相関性を具象した場所について、その系譜とトポロジーをマッピングしてみよう。鴨川右岸（《東三本木《ひがしさんぼんぎ》》・《上木屋町》・《下木屋町》）と鴨東《おうとう》の祇園花街周辺（《下河原》など）とが、主たる舞台となる。いくぶん論点を先取りして述べるならば、先ほどの紫区画に示された「席2」（＝「小意気な家」）とは、京都固有の特殊な旅館である「席貸」なのであった。文人たちの執筆活動や遊楽の場となったこの「席貸」の機能と立地を理解しないかぎり、歴史に埋もれた文学のトポロジーを地図化することはできない。

次いで、第五章から第八章までは「景観とスペクタクル」を主題とする。ここでは、失われて久しい祭礼（「太夫道中」・「ねりもの」）と、劇的な変容を遂げてきた京の夏の風物詩である鴨川納涼をとりあげる。また、祇園花街の強制的な景観改変をめぐる文化人たちの思いについても論じてみたい。

残る三章の主題は「花街周辺の〈遊楽〉」である。ここでは、祇園花街の外部に形成された〈遊楽〉の場をめぐる二つの物語、そして地理的な位置からすると本書ではやや異色になるが、旧市街地北西部の紙屋川沿岸に立地した料理屋についてとりあげる。ここでもまた、席貸が場所の系譜を読み解く際の鍵となるだろう。

いずれの章も、ぜひ「近代京都オーバーレイマップ」のレイヤーを「京都市明細図」に設定して、地図と本書を往還しながら読み進めていただければ幸いである。

〔付記〕

・花街名などの通称地名は《》で表記している。

・資料の引用などにあたっては、次の諸点に留意した。難読漢字にはルビを補い、常用漢字に改めた箇所もあるほか、適宜、句読点も補った。著者（引用者）による注記は〔〕内に示し、必要に応じて傍点による強調を施した。引用文中に、不適切だと思われる用語や表現もあるが、資料としての価値を鑑みて原典のままとした。

第一章　京の〈宿〉
――《上木屋町》の文人たち

一　御池大橋のたもとから

（一）　漱石の句碑

京都市役所前の御池通を東へと進み、鴨川にかかる橋のたもとにさしかかると（西詰南側）、小さな石碑と高札型の銘板が目に入る。高規格の道路の交通量は比較的多く、路側帯には大型の観光バスも停車することがあり、植栽のあいだに小ぢんまりとたつ石碑と銘板の存在を、それと気づかずに通り過ぎてしまうこともあるだろう（図1－1）。

石には、こう刻まれている。

図1－1　夏目漱石の句碑

木屋町に宿をとりて川向の御多佳さんに

春の川を　隔て、　男女哉　　漱石

これは夏目漱石の句碑なのだった。

銘板の説明書きによると、大正四（一九一五）年三月、漱石は四度目の来洛に際して、画家の津田青楓《つだせいふう》（一八八〇－一九七八）のすすめで、「木屋町御池の旅館「北大嘉《きたのだいか》」に宿泊」した。このとき、祇園花街のお茶屋「大友《だいとも》」の女将である磯田多佳《いそだたか》と交友を持つのである。

漱石が文芸に秀でた元芸妓として著名であった磯田多佳となじんだことについては、当時、後述する近松秋江も含め、周辺からさまざまな反応があったようだ。たとえば、その一端を伝え聞いた吉井勇は、次のように記している。

……〔多佳女は〕何しろ趣味が広いので、文人墨客に知己が多く、夏目漱石も大正四年頃入洛して木屋町の大嘉に泊つた時、「木屋町に宿をとりて川向のお多佳さんに」という前書をした、

春の川を隔てて男をんな哉

という句を贈つている。

漱石は多佳女と気が合つて、京都に滞在中は度々彼女と会つていろいろ語り合つたらしい。私はまだ知らないが、若し漱石の日記でも残つていたならば、きつとこの時のことが書いてあるに違いない。(1)

杉田博明『祇園の女　文芸芸妓磯田多佳』には、漱石と多佳それぞれの日記を対照しながら、このときの一部始終が再現されている。(2)二人の動静があますところなく書かれているので、ここでは詳細を省くが、碑に刻まれているのは、約束を反故にした多佳に対して怒り心頭の漱石が送った句なのであった。

祇園花街と木屋町のみならず、男と女のなかを隔てる物理的／象徴的な地景《ランドスケープ》、それが漱石の目に映った鴨川だったのだろう。

(二)　それは旅館なのか

明治四五（一九一二）年、「生れて始めて西京の地を蹈」んだという谷崎潤一郎もまた、「木屋町の

旅館」に泊まっている。「静かで勉強が出来て、夜遅く帰つてもかまはぬやうな宿屋を周旋してくれろ」という谷崎の要望に応えて、地元の関係者が手配したのだ。

……御影を敷いた細い路次の奥のこじんまりした家で、東京の待合然として居る。芸者も泊れるのだと云ふから、実際幾分かさう云ふ性質も帯びて居るだらう。通された二階座敷の縁外には加茂川が流れて対岸は宮川町の色里である。(3)

「木屋町の旅館」とくれば、すぐさま漱石の滞在した「木屋町の宿」（銘板では「木屋町御池の旅館」）が想起されるだろう。だが谷崎の場合、対岸が《宮川町》というから、おそらくは団栗《どんぐり》橋よりも南側に位置したはずだ。これら二つの木屋町は、前者が《上木屋町》、そして後者が《下木屋町》と通称される。

谷崎の指摘で興味が持たれるのは、そこに芸妓が泊まることもある、という点である。漱石の宿にも、元芸妓でお茶屋を経営する多佳と、彼女に連れられた芸妓（金之助）や妓籍を離れた女性（お君さん）らも頻繁に出入りしていた。谷崎の言葉を借りるならば、その「旅館」はまるで東京の待合茶屋のような雰囲気さえあった……。これらは本当にただの「旅館」だったのだろうか？

御池大橋の銘板にその名のあった津田青楓によると、漱石をもてなすには「普通の宿屋ではさわがしいし、殺風景でおもしろくない」ことから、自身の母を介して木屋町の宿（北大嘉）を選んだのだという。そして、この宿で漱石と初対面した磯田多佳は、「夏目さん、えらい粋なとこへおこしやしたなあ」、と思わず口にしていた。(4) 独特のニュアンスを含んだこの褒め言葉は、「木屋町の宿」の性格をはっきりと物語っているように感じられる。

東京からやってきた漱石と谷崎、そして母を通じて宿を斡旋した津田の口からも、ついぞ出ることはなかったものの、花街の住人である多佳が「粋」なところと羨んだ《上木屋町》の「宿」とは、じつのところ京都固有の「一見さんお断り」の旅館、すなわち「席貸《せきがし》」なのであった。

モダン京都に足跡を残した文人たちの作品を読んでいると、当然のごとくに席貸が登場する。入洛する文人たちが（それと知らずに）宿泊することも、しばしばであった。文学作品と席貸の関わりは、思いのほか深い。

二　席貸とは何か

（一）　旅館と「席貸」の違い

旅館とは区別される席貸のありようを、はっきりと認識していた文人たちも少なからずいる。たとえば、近松秋江、志賀直哉、吉井勇、長田幹彦ら、京都に深くなじんだ小説家たちの名をあげることができる。だが、その分布と立地に応じた役割とをもっとも深く理解していたのは、劇作家の北條《ほうじょう》秀司《ひでじ》、そして白川書院の創業者にして文筆家の臼井喜之介《うすいきのすけ》であった。

ここでは、臼井の解説を引いて、定義にかえることとしよう。

……他国の人によく聞かれることだが、旅館と席貸はどう違うのか、ということである。法律的には両方とも旅館としての認可があるのだが、席貸の方が多少風俗営業的な甘さが認められて居り、芸者や新妍芸者（やとな）が入って酒宴を催してもいいということになっている。その代り、京都で貸席《ママ》というと、下河原、安井、木屋町のこの三つの区域に限られていた。いうなれば席貸旅館とは、東京のもとの待合のようなものと思えば近いだろう。(5)

管見のかぎり、席貸の機能と立地を、これほど簡潔かつ明瞭に説明した文章はほかにないのだが、少しばかり補足をしておこう。旅館とは異なり、芸妓や新妍芸妓ないし雇仲居を気軽に聘《よ》んで宴会やお座敷あそびをすることができる場、それが席貸である（新妍芸妓／雇仲居に関しては、第四章を参照されたい）。花街のお茶屋と異なるのは、あくまで宿泊を前提とした旅館であったということなのだが、基本的にはどちらも「一見さんお断り」だ。

臼井は、よりわかりやすく説明するべく、「東京のもとの待合のようなもの」と位置づけているのだが、この点についても注記が必要となる。臼井が「もとの」とただしく記すように、戦後の東京に「待合」は存在しなかった。昭和二三（一九四八）年に制定された「風俗営業取締法」とその施行条例において、「待合」はその名を「料亭」に変えていたからである――板場がなく、料理は仕出しに頼る「料亭」の誕生。

旧待合（＝料亭）は、東京の花街を構成する主要産業であり、その営業は指定された範囲（二業地・三業地）に限られていたため、席貸というよりは、むしろお茶屋に類する業態であった。席貸は、臼井の指摘するように、花街の周辺部――《下河原》、《安井》、《上木屋町》・《下木屋町》など――に立地するので、やはり待合とは性格を異にするといわざるをえない。この点については、あらためて第二章でとりあげる。

東京の花街事情にも通じた旅行ライターの松川二郎は、稀代のガイドブック『全国花街めぐり』（一九二九年）のなかで、漱石が宿を求めた《上木屋町》を、次のように描写する。

> 三条小橋の東の袂を北へ折れてはいると、西側は高瀬川がゆるやかに流れて、東側の町並は家の三五軒おき位に路次があつて、路次の突当りが皆席貸になつてゐる。座敷は大抵鴨川の水に臨んで、河原から東山一帯を見晴らすおもむきは先斗町《ぽんとちょう》に同じであるが、僅かのちがひで先斗町ほどざわつかず伸びりしてる点が生命である。そこが即ち木屋町。[6]

清冽な鴨川に面し、東山を望む山紫水明の《上木屋町》――ここに立地する席貸の特色を、松川は以下のようにまとめてみせた。

是等の家々は表に旅館と書いてあつても、旅館にあらず、料亭にもあらず将《ま》た貸席《おちやや》でもないところの「席貸」といふ独特のお茶屋である…〔略〕…。藝妓置屋とは直接の取引がなく、凡《すべ》て貸席から送り込む形式にはなつてゐるが、木屋町の如きは地続きで極く近い関係もあらうが、貸席と席貸の連絡がよく取れてゐて、殆ど普通の貸席と異るところは無いやうである。(7)

表通りの看板に「旅館」と書かれていたとしても、旅館ではなく、ましてや料亭などでもなく、花街のお茶屋とも異なる独特の貸席、それが「席貸」である。ただし、芸妓の出入りに関しては、直接お座敷をかけることはできないものの、お茶屋との連絡がよく取れているため、花街とさして変わりはなかった。

臼井とはちがって、このもってまわったややこしい言い方のなかにこそ、席貸の特殊な性格を見て取ることができるかもしれない。

(二)《上木屋町》の席貸

松川の記述を四半世紀ほどさかのぼろう。明治三六(一九〇三)年、第五回内国勧業博覧会が大阪で開催されるのにあわせて出版された『夜の京阪』という雑誌は、当時の席貸のあり方を知るうえで、格好の手引きとなる。というのも、タイトルに「夜の京阪」とあるごとく、観光客に大阪・京都のナイトライフを愉しむ術を教示することが、同誌の編纂意図であったからだ(8)。その内容はおのずと花街や盛り場の周辺へと収斂し、結果、ひとつの焦点を結ぶのが《上木屋町》であった。

たとえば、劇作家の大森痴雪《おおもりちせつ》（一八七七－一九三六）は、「夜の高瀬川」と題された章のなかで、「淫風の旺《さかん》なること非常なもので……」と非難しつつ、《上木屋町》の景観を以下のように描写している。

一体この木屋町といふのは……稀に旅館席貸し等があつても、僅かに病人の出養生、さては俳諧の運座謡曲講などに使用されるぐらゐのもので、あつたが、何時の頃からか、表面を旅館と名告つて而して通称を席貸しと呼ぶ、所謂準青楼の為めに占領されて了つて、一町殆んど総てが路次構への、其の門口には何屋何楼何館などゝいふ軒燈が掲げられ、卑しい娯楽に現なき輩が日夜を分かず出入する(9)

いつごろからかは明確でないものの、表向きには旅館と名のりつつ、実際には「青楼」（＝遊廓の妓楼）まがいの営業をする旅宿――通称「席貸」――が、ここ《上木屋町》に成立していた。

「京都の旅宿」を案内する鈴木露村《すずきろそん》（職業・生没年不詳）もまた、大森痴雪と同様、いくぶん批判的なまなざしを向けつつ、叙景を試みている。

上木屋町といふは…〔略〕…三条から二条迄の間ズラリと青柳の影に軒燈が竝んでゐるが不思議なは玄鶴楼を除くの外は一軒として通りからの構へでなく、細長い路次を這入て行くと玄関が控へて居るといふ見るから合点の出来るハヽン淫魔窟だ、多くは席貸兼旅人宿で吉富楼、玉川楼、大可楼、花外楼、大津家等が有名で玄鶴楼は料理兼業だが、総じて白昼はそれは〱火の消えた様だが例の軒燈に灯が艶めく頃になると祇園や先斗町から解語の花が夜店ぢやないが出没し又は高等地獄とやらが魔術を行ひに来る(10)

しかも、「爰《ここ》計り治外法権といふ体で、何をしても一向差支なしといふ頗る不思議の土地」であるといい、文中にあるとおり、《祇園》や《先斗町》の芸妓ばかりでなく、「高等地獄」(=高級な娼婦)さえ出入りしていた。

鈴木露村はいう——「京都の消金窩《しょうきんか》では第一等だ、されば祇園町の遊びより木屋町遊びといふのがズウト高額の所ろで若輩なもの、行き難い所ろである(11)」、と。祇園花街よりも上等な遊所、それが《上木屋町》であった。

明治後期(二〇世紀初頭)の京都にあって、高瀬川の最上流部と鴨川とにはさまれた、木屋町通に面する片側町の《上木屋町》は、すでに席貸街となっていた。ただし、これら案内者——ある種の都市観察者——たちが慎重に素描するように、街区全体ではなく、細い路地の奥に位置する建物だけが席貸であった。この点は、「京都市明細図」からも、わずかではあるが読み取ることができる。

（三）　文化制度としての仕出し

『夜の京阪』のなかで、席貸を一番詳しく紹介するのは、「京都の料理店」を担当した日本画家の久《く》保《ぼ》田《た》米僊《べいせん》（一八五二－一九〇六）である。

……この木屋町といふ処は北に維新前まで公卿縉紳のしば〳〵会した酒楼があり（今はなし）南先斗町より西石垣下木屋町及び対岸の大和小路宮川町等の花柳の街に接近してゐるのであるから料理が主でもに《ママ》はなすつもりでも自然脂粉の気を脱ることが出来ないのであるから、そのつもりで御覧を願ひたい。(12)

まず久保田は、主題は料理であるものの、そればかりには収まらないと断りをいれる。そのうえで彼は、「……木屋町に軒をつらねゐる席貸」から、最寄りの「料理屋」に電話をさせて「自分の欲する料理を取寄せて飲むと云ふのが京都の通のすること」であるとし、「木屋町の貸座敷〔＝席貸〕で一杯飲むといふのは是は或る側の目的で此処へ行くといふのであつて嫖客と云つては如何ですけれどもマア通と云ふ側の人が行くのでせう(13)」、とその特性を分析してみせた。

次いで、街区ならびに建物の特徴である。《上木屋町》に立地する席貸は、二階建てのほぼ同じ建築様式で、東側はいずれも鴨川に面している。西側の表通りには商店や種々の生業をする者たちが住んでおり、奥まった場所に位置する席貸へ登楼するためには、そのかたわらにある白河石を敷きつめた路地を抜けてゆかなければならない。玄関脇には、楼名かその頭文字の記された行灯がある。奥に長い路地を客が下駄の音を響かせながらゆくので、来客をさとった店の者はすぐに「御出やす」と声をかけて、部屋へと通す。座敷は二階にもあり、階下には小さいながらも湯殿が設けられていた。突き当たり、つまり東側の三畳ないし四畳半の小座敷が、「京都に於ては唯一の通客の必用室」というわけだ。

座敷に入った客（二人）が対酌をする時分になると、「お茶亭」（＝女将）ないし仲居がまずは麦酒《ビール》を、そして焼いた松葉鰈や漬物などの小鉢を用意してくる――しばし用談。話が済むと、再びお茶亭なり仲居なりが、「何ぞおあがりやすかお腹はどうどす」とたずねてくる。「何か食べよう」ということになると、今度は品名の書かれた「ブリキの手板」が用意された。この品書きは「其貸座敷（＝席貸）の取付けの料理店から毎日其日にある肴の名前を書いて送つて」もらったもので、人気のある席貸には、二、三軒の料理屋のものが準備されていたという。

よく知られていることだけれども、京都には二種類の料理屋がある。ひとつは自家で調理をし、客席に料理を供する店、他方は自家に座敷や客席がなく、仕出しを専門とする店だ。席貸では、客の好みに応じて、仕出しをたのんでいた。自前の板場はなく、料理人も抱えていなかったのだ。

それで甲乙丙の肴を取寄て見て、自分の食ひたいと思ふ物を誂へます、鳥を食ふとか又は此魚をナマでこなして寒ければ豆腐とか蕪とか芹とか焼麩とか云ふもので鍋だてをするとか、又チリをするとか、さう云ふことは面倒だから俺は此儘食ひたいからと洋食にするとか幕ノ内の煮しめが宜いとか云ふので命じて取り寄せて食べる、デ此貸座敷〔＝席貸〕で食ふのが一番口に適した物を選で食られまして、さうして便利に出来て居ります。(14)

仕出し屋は市街地全般に立地展開していることから、一般の家庭でも「取り寄せ」ることは可能であったが、ここでは花街のお茶屋とも相通ずる文化的な制度とみるべきであろう。ところが、「是も矢張さて、腹ごしらえが済むと、芸妓か舞妓でも呼ぼう、ということになる。ところが、「是も矢張さう云ふ稼業をして居りながら此所から直接に藝子を呼ぶと云ふ事」はできなかった。この点は、松川二郎も指摘していた。

では、どうするのか？

(四)　文化制度としてのお座敷あそび

京都をはじめて訪れた谷崎潤一郎は、東京とは異なる料理屋のありようについて、次のように述べていた。

一體此方の料理屋は、全く料理を喰ひに行く所の様に作られて居る。藝子を呼ぶ事は甚だ稀で、女の顔が眺めたい人は、貸座敷へ上る。さうすれば、藝子でも舞子でも、入れ代り立ち代りウジヤウジヤやつて来るけれど、喰ひ物と云つたら、酒の肴に佃煮か何かゞ、ちよんびりと出るばかり。料理屋と揚屋との間には、劃然《かくぜん》たる区別があるらしい(15)。

東京から来たばかりの谷崎には、京都の花街の構成や制度がまだ十分に理解できていなかったのだろう。京都の料理屋は芸妓の直接的な出先とはならず、谷崎が直観したごとく、お茶屋（貸座敷／揚屋）が芸妓を揚げてあそぶ空間として、専門特化していたのだった。

料理屋でのお座敷あそびについて久保田米僊は、次のような手順をふむ必要があると説く。

例へば私が祇園町とか先斗町に行つけの御茶屋貸座敷へ電話をかけまして、それから自分の懇意にする藝妓何尾とか何子とか云ふ者が居るかと云ふてかける、すると直に其貸座敷の仲居が車を飛ばしてやつて来まして唯今は電話で誰さんは居りませんから誰々を今直にと云ふやうに、直接に此料理店から呼ぶことが出来なくつてさう云ふ関門を潜る様な二重のことをしなくつてはならぬので、夫から此処へ命じた者がやつて来る(16)。

料理屋からは芸妓をかけることができないため、なじみのお茶屋を通じて、間接的に呼び寄せるのだ。この点について、東西の花街に精通する三宅孤軒《みやけこけん》が、興味ぶかいエピソードを紹介している。

> 日本全国を通じて、料理屋で芸妓を呼べぬ処は大阪と京都丈けだ。夫れは両市共明治の初期に右様の制度を設けたので京都も大阪も廓以外に町芸妓がなかつた関係上、廓側の自衛策として、廓に属してゐる茶屋（待合のやうなもの）以外には芸妓を送らぬ事を、時の当局に願つて設けた制度が今日までつゞいてゐるために、大阪でも京都でも、料理屋で宴会等を催して芸妓が必要の場合は、お客が料理屋から、馴染の茶屋を通じて、一種の「遠出」の形式で呼ばなければならぬので、自然オツクウになるのみならず、そうした場合にも料理屋には一厘半銭の口銭もないのだから、結局料理屋は料理を喰ふ処、茶屋は芸妓を呼んで遊興をする処と、ハツキリ区別がついてゐた[17]。

大阪と京都では、明治初期以来、料理屋から直接、芸妓を呼ぶことはできなかったのだという。なじみのお茶屋を通じて、間接的に呼ぶほかはなかったのだ。つまるところ、芸妓は外形的にはお茶屋へ行きつつ、実際のところは料理屋の宴席に花を添えていたことになる。

本拠地を出る芸妓は、慣習的に三味線を持参しないため、出先の座敷でひとつ唄う際には、「一寸姉はん稽古三味線貸してお呉なはんか」などといって、料理屋にある三味線を借りるしきたりがあった。料理屋での愉しいお座敷あそびも一二時まで……なのだが、今度は一同こぞって席貸に河岸を変え、二次会を開くのがつねだ。遊客は、「更闌《こうた》けてから酔歩蹣跚《まんさん》月を踏で家路につく[18]」。

ひるがえって席貸におけるお座敷あそびは、どうだったのか。料理屋とは事情がずいぶんと違っていたらしい。というのも、「……是から他に呼付けの御茶屋があつて、それから藝子が出てくる」というのだから[19]。松川二郎が述べたごとく、花街の外部にある席貸と花街のお茶屋とは、「連絡」がよく取れていたのだ。

では、なぜそのようなことが可能であったのか。その背景を米僊は次のように説明する。

……この貸座敷〔＝席貸〕は宿屋業の鑑札をうけて居るので祇園町の青楼の娘、或は娘分又は年明の仲居などに、出店の格子この営業をさしてあるので、他方人で藝子、舞子を呼びたいといふ時は其本店たる祇園町の青楼に電話をかけて送らして来るのである、又こゝに留りの客が、祇園の青楼で遊びたいといふ時は、此方から案内して送るのである……[20]。

花街の外部にありながら、花柳界の延長線上に成立するのが、席貸（街）であった。というわけで、《上木屋町》は遊興するに少しも不便を感じない「別天地」、それが久保田米僊の結論である。

三　席貸の文人たち

（一）近松秋江の嫌味

多分に話題を呼んだ漱石の大正四年の滞洛については、すでに多く論じられているのだが、やはりここでは席貸に着目して、本章を閉じることにしよう。二人の小説家の他愛もない会話に、しばし耳をかたむけてみたい。

「ねえ、長田君、京都には、夏目漱石が来たそうですな。何んでも三条の上の席貸へ陣どつて、毎日磯田お多佳が伺候しとるそうですよ。」

僕は別に興味もなかつたので、へえといつて酒ばかり飲んでいると、近松氏はにやにや舌なめずりしながら、

「彼は文壇の貴族だから、お多佳と趣味が合うでしよう。君は夏目の作品をどう思うですか。」

「さあ、僕は、あんまり読んでいませんからね。」

「いや、「猫」なんか全くの戯作だな。黄表紙ですよ。「草枕」はどうです。読みましたか。」

「あれは鈴木三重吉君がぜひ読めつていうんで、一応は読みましたがね。あれは夏目さんの中でもいいもんだそうですね。」

「しかし気障だね。僕は暗に世をすねとるような、あのポーズがどうも気にくわん。あすこにどうも嘘があると思うですよ。博士号を断ったりね、西園寺さんの清談会に出席しなかったりね、どうもありゃ眉唾ものだな。」

「夏目さんのものの中では何が一番いいですか。」

「さあ、僕は一向買っていないから、何がいいかね。俳文学ならむしろ高浜虚子の「風流懺法」の方が、ぐつと素直でいいと思うな。一体夏目はみんながかつぎ過ぎるですよ。僕にいわせるとそれ程の作家ではない。ボリウムがないでしょう。それにあれは金に汚い男でね。[21]」

と、一方の人物の語りは、こんな具合に容赦がない。このあとも、漱石の妻に対する悪口がえんえんとつづくのであるが、これは近松秋江が長田幹彦に対して語った嫌味たっぷりのうわさ話なのであった。

幹彦に言わせると、秋江は「穴捜しが偏執的に好き」な「ゴシップ通」ということになるのだが、ここでは引用の冒頭にある「三条の上の席貸へ陣どつて」という部分についてのみ注目しておこう。これは当然、《上木屋町》の「北大嘉」を指す。

この会話が交わされたのは、大阪の南郊であった。後日、二人は場を京都に移して、同じような会話を繰り返すことになる。それは、幹彦が定宿にしていた席貸「三条の木屋町の西村屋」においてのことであった。

秋江氏も、毎日ほとんど入り浸りであつた。氏は、夏目さんが一軒おいて下の同格の席貸にいたというのが、何よりも御機嫌のたねで、長田君、君も全く貴族だよ。その若さで夏目を圧倒しているのは実に痛快だ。としきりにたきつける。(22)

幹彦の宿に入り浸った秋江の目には、四〇代後半の夏目漱石を二〇代後半の幹彦が「圧倒」しているかのごとくに映っていた。それは、幹彦が北大嘉と同格の西村家（正式名称）に宿していたからなのだが、秋江は上《かみ》／下《しも》という空間的な位置関係をもって、上に位置した幹彦を賞賛したのである。「京の宿」の詳細を知る秋江が、《上木屋町》の「席貸」を作家のステイタスを象徴する場として捉えていたことがわかる。

席貸は、近代文学のトポロジーとも密接に関わる、京都固有の旅宿であったのだ。

（二）　ふたたび御池大橋のたもとで

御池大橋のたもとにある漱石の句碑の前に立つたびごとに、銘板の「旅館」を「席貸」に書き換えたくなるのだが、それは措くとしても、はたして漱石や幹彦のあと、《上木屋町》の席貸を利用した文人たちはどれほどいたのだろうか。

高浜虚子の日録「花時の旅」を読むと、昭和七（一九三二）年四月一六日に「木屋町の中村家」

——正確には《上木屋町》の中村楼——に泊まっていたことがわかる。昼の花見でいささか疲れ切った同行者を横目にして、虚子は句を詠むのだった。

宴未だ始まらずして花疲れ

加茂川の向岸をぼんやりと眺めて居るのも遅日《おそひ》の趣である。

京人や柳櫻の堤行く

二三軒かくす一木の櫻かな

…〔略〕…

いはほ氏が何か食ひ物に註文は無いかとのことであつた。私は無いと答へたが、暫くして田楽を所望した。それに、初子、富貴子姉妹が都踊を済ませてから来るとのことであつたので、戯れに

田楽と初子とほかに望みなし(23)

その夜、虚子の座敷には、川を隔てた祇園新地の花見小路から、当代きっての売れっ妓であった奥山初子が来ることになっていたようだ。ここでも虚子は、花街の外にありながら、その不可視の延長線上に立っている。とはいえ、これはあくまで昭和戦前期のはなしである。戦後はどうであったのか?

京都にゆかりの深い作家の眞下《ましも》五一《ごいち》（一九〇六‐一九七九）が、この点と関わる興味ぶかい指摘をしている。眞下はかつて、舟橋聖一《ふなはしせいいち》を「木屋町の××に誘って、「一現はんは……」と渋い顔をしられた」という苦い経験があった。「木屋町」とは、前後の文脈からすると、おそらく《上木屋町》であり、「××」とは当然、「一見さんお断り」の席貸だったのだろう。

このことを思い返しながら眞下は、舟橋聖一が「祇園方面」に、丹羽《にわ》文雄《ふみお》（一九〇四‐二〇〇五）が「三条の大文字屋」ないし不便ながらも眺めのいい「清水山荘」を定宿にしていることを引き合いに出し、「案外、鴨川べりを続ける作家は余り多くないようである」、と感想を述べていた(24)。

戦後、文人たちの《上木屋町》ばなれが進むなかで、最後に姿をあらわした人物をひとりだけ紹介しておこう。『偽れる盛装』（一九五一年）などの《祇園》に関連した映画をつくり、花街、そして京都の文化全般にも詳しかった映画監督の吉村公三郎《よしむらこうざぶろう》（一九一一‐二〇〇〇）が、とある事情で川端康成と対面するシーンを再現している。

> その小説『古都』が朝日新聞に連載されだし、しばらくして私の泊まっている旅館へ上木屋町の席貸し屋から電話があった。以前から知り合いの学芸部の記者氏である。
>
> 「川端さんのお守りと社との連絡のためずっとこちらへ来て滞在しているんだけれど、執筆が遅々として進まず難儀している。何とか知恵をかしてほしい」とのことであった。
>
> 「大してお役にも立てまいが」とことわって、出かけた。兄が朝日に在職中から利用していた

図1－2　おそめ会館（加藤藤吉撮影）

うちで、お女将さんとも面識がある。

加茂川に面した二階の座敷へ入って行くと机をへだてて、川端大人と記者氏が黙然として向かい合っている。

川端さんは、苦笑いしてこちらを向いた。(25)


吉村が『古都』を執筆中の川端と対面したのは、「上木屋町の席貸し屋」であった。そして吉村は、「席貸し屋」と「旅館」をきちんと区別している。『古都』に席貸は登場しないものの、興味ぶかいエピソードである。

くだんの句碑の前で、筆の進まない川端が缶詰にされていたのはどの席貸だったのだろうか、などと考えてみる。このとき、気をつけておかなくてはならないのは、川端の執筆当時、かつて漱石の泊まった「北大嘉」の建物が存在しない一方、川端自身は《上木屋町》の席貸にいたことだ。

漱石の句碑の北側を貫通する御池通――これは、敗戦を目前にするなかで強行された建物疎開で生じた空閑地を開発した道路なのだ。「北大嘉」は、この強制疎開によって消滅する。

強制疎開と道路の開通、そして架橋によって、《上木屋町》は南北に分断されたかたちとなった。なんの因果かは知らないけれども、句碑の向こうにみえる葬儀場（ホール）の敷地には、川端康成、白洲次郎、川口松太郎、大佛次郎など、そうそうたる面々が交友した《祇園》の元芸妓である上羽《うえば》秀《ひで》（おそめ）の経営した「おそめ会館」が、かつて立地していた（図1－2）。

御池大橋たもとの殺風景の背戸には、累々とつもる文学の歴史が堆積している。

第二章　席貸と文学のトポロジー

一　「二人の独り者」の宿

序章でとりあげた近松秋江の小説『二人の独り者』は、彼の代表作である「黒髪」や「狂乱」などと、少なからずモチーフや背景を同じくする作品である。タイトルに示されるように、主人公は二人の中年独身男性――雑誌編集者・評論家の鶴岡（三〇代後半）、そして軟文学を主とする小説家の田原（四〇代前半）――であった。どちらも島村抱月の後輩（つまり早稲田大学の同窓）という設定である。秋江自身も、早稲田大学の前身・東京専門学校の出身だ。[1]

雑誌社の用命――「京都大学の教授連の原稿を取る」――を受けて滞洛していた鶴岡は、まったく仕事もせぬまま、放蕩に明け暮れていた。知己をたよっては借金をかさね、「京都と大阪との間を転々して到る処を飲み歩いてゐた」のである。当初は仕事をするつもりがあったのか、わざわざ「大学の教授室へ通ふのに近い処を選んで、吉田の大学病院前の、病人などの泊まる安宿に止宿を定めてゐた」(2)。

とはいえ、独り者の気楽さからか、のっけから宿の女中に「雇女《やとな》が招《よ》べるといふことを聞くと、早速招んで」もいる。「やとな」とは、正確には「雇仲居」と表記する京都固有の接客婦で、席貸などのお座敷で酌をするのはもちろんのこと、宴席では芸も披露し、ときには客と同衾することさえあった(3)。『二人の独り者』では、当時、京都大学病院前に形成されていた宿屋街に、雇仲居が数多く「巣くって」いたことになっている。この方面に通じていた秋江のことであるから、これは実情をふまえた描写であるとみてよい。

時間をもてあまし怠惰な生活を送っていた鶴岡は、ある日、自分よりも先に京都へやって来ていた田原のことをふと思い出し、新聞に掲載された所在をたよりに滞在先の旅館を訪問する。宿の所在地は、京大病院前からは目と鼻の先といっても過言ではない、鴨川右岸の《東三本木》であった。丸太町通に出て西へと進み、丸太（町）橋をわたったところの路地を右に折れると、そこはもうあの由緒ある《東三本木》だ(4)。

再会をはたした二人の独り者は、宿で食事をしながら、下戸の田原が上戸の鶴岡に酒をすすめて、杯がかさねられてゆく。しばらくして、ほろ酔い加減となった鶴岡は、はばかることなく次のように切り出した。

「どうだ？　此処《ここ》は女は招《よ》べないのか。」といつて、訊いた。

「うむ、此処は招べないのだ。」

「さうかねえ。そりや不自由だなあ。……何だか招べさうな処だがなあ。」

「うむ招べさうな処でも此家《ここ》は招べないのだ。」

「でも此の辺に招べる処があるのだらう。旅館で女が招べるのは京都の好い所だ。東京などはそこになると駄目だよ。……木屋町といふのは此処から遠いのか。」

「あゝ、木屋町といふのは、こゝから、もう一寸下の方だ。あそこは女を招ぶのが寧ろ本業で、旅館といふのは附けたりのやうなものだ。[5]」


最初の問いかけと、それに対する応えの「此処」は、《東三本木》を指している。「何だか招べさうな処だがなあ」と残念がる鶴岡に対して、田原は再度「此家は招べないのだ」と応じた。のこり惜しい鶴岡は、話題を木屋町へと転じる。《東三本木》からは少し南に下がったところだというので、《上木屋町》とみてまちがいあるまい。旅館とは名ばかりで、宴席に花を添える酌婦（？）を呼ぶことを「本業」とするような場、つまり席貸が想定されている。

このやりとりのあと、鶴岡はしつこく「こゝ等は芸者でない奴が招べさうなもんだがなあ」と、ひとりごちる。

するとと田原は、

「芸者でない奴とは何だ?」と、とぼけて見せた。

「やとなさ。」

「は、あん、それか。」と、田原は笑った。(6)

またしても、雇仲居である。「は、あん」と答えているところをみると、田原にも身に覚えがあったのだろうし、鶴岡はなんとしても雇仲居を呼びたかったのだ。

この雇仲居に関わる一連の会話にあらわれた、「ここ」の変化が面白い。最初の「此処」(=《東三本木》)は、次に「此家」(=「旅館」)となり、最後は曖昧な「こゝ」へと転じた。この揺らぎのなかにこそ、《東三本木》という街、そしてそこに立地する「旅館」の特異性を読み取ることもできそうであるのだが、ここではもったいをつけて次の第三章にまわすこととしよう。

物語はこのあと、近代京都の重要な景観描写を含みながら、田原が「ひどく入れ上げて」いた女をめぐって展開してゆく。それは、安井神社のかたわらで母とともに暮らす女であり、序章で参照した、あのくだりである。第十章であらためてとりあげるけれども、安井神社の界隈もまた、雇仲居倶楽部と席貸の双方の集積する、ある種の二業地とでもいうべき擬制的な花街なのであった。

このようにみてくると、『二人の独り者』の地理的コンテクストは、旅館（席貸）街の布置であったことがよくわかる。京都大学附属病院前の旅館街、《東三本木》、《上木屋町》、そして安井神社の界隈だ。いずれの場所にも、雇仲居が見え隠れしている。この点において、近代京都の宿と文学のトポロジーを見て取ることもできるだろう。もう少しほりさげてみよう。

二　近代京都の旅館街

（一）旅館街の分布

京都における宿の立地に、地理的な集積傾向があることについては、ふるくから指摘されてきた。たとえば、第一章で参照した鈴木露村「京都の旅宿」では、「京都の宿屋の景況を書くのは六条付近に於ける本山参詣者と道者に於ける三条通と所謂京都繁栄策に於ける、木屋町とを説明したならば事が足りる」[7]、と指摘されていた。六条付近とは、東本願寺と西本願寺の参詣者を客とする宿屋で、東西両派の別とともに、たとえば加賀の国の参詣者が利用する宿、あるいは越中の国の参詣者が泊まる宿というように、定宿としての機能も分化していたようだ。

三条通は、旧東海道の終着地となる三条大橋界隈に集積した宿屋を指す。そして、「京都繁栄策」かはいざしらず、木屋町とは席貸街としての《上木屋町》である。二〇世紀初頭の京都にあって、旅館街はこの三つに限られていた。

都市の近代化の過程で再編された旅館街の布置については、臼井喜之介の「京の宿の分布」が参考になる。(8) 臼井によると、市街地の旅館街は、以下のように分布していた。すなわち、(イ)「京都駅前」、(ロ)「三条附近」、(ハ)「京都市役所の南の方の一帯」、(ニ)「木屋町筋の宿」、(ホ)「下河原付近」、(ヘ)「清水寺付近」、(ト)「京都大学病院南側一帯」、(チ)「南禅寺附近」の計八カ所である(ただし、ここでは近郊の遊覧地を省く)。

(イ)の京都駅前は、鈴木露村のいう「六条付近」ともかさなっている。(ハ)の市役所南側一帯は、たとえば夏目漱石が正岡子規と京都を訪れた際に宿した「柊家《ひいらぎや》」のような老舗旅館から、一般の商人宿にいたるまで多様であった。前後するが、(ト)は『二人の独り者』の鶴岡が宿泊したところで、「下宿屋向きの安直な宿が立ち並び、大学病院へ入院中の患者の家族や、京大などへ入学試験をうけにきた学生たち(9)」の利用する旅館街となっていた。

そして、(ニ)の「木屋町筋」である。

そうでない宿もあるが、木屋町通の二条から五条あたりまでの宿は、昔から木屋町筋といわれているように、いわゆる昔の席貸風の粋な宿が多い。部屋も二つか三つ、一現で入れないうちもある。

席貸というのは、東京でいえば待合風の店で、酌人をよんで酒などを汲み、いささか遊興的な泊り方の出来る宿をいう。一人で泊ってもいいし、友人ときてもよく、恋人とアベックでもいい。食事は概ね自分のところで料理せず、何がよろしいか、と聞いて、会席でも、スキ焼でも、すしでもそとへ注文を出し、出前をとって供してくれる。宿は寝るだけにし、客が外へ食事に出る方を喜び、朝食だけは、みそ汁、卵焼、のり、漬物ぐらいのものをうちで作って出してくれる。(10)

後段の説明は、第一章の久保田米僊の解説を想起させるものがある。そして臼井が、木屋町筋と同じく、席貸に由来する旅館街として挙げたのが、（ホ）の「下河原付近」であった。

八坂神社の南門まえ一帯を下河原というが、ここも昔は、席貸の粋な店を本命とした。泊り具合は木屋町筋とよく似ており、新妍芸者とよぶ、サービスの女性もよんでくれる。勿論それだけでなく、普通の宿もあるし、アベックを目的としたいわゆる温泉マークもある。なお、祇園の南端から、安井神社のうら一帯には、この温泉マークが林立し、普通の男女でこの辺を歩いていて、知人に逢えば誤解されそうである。(11)

《下河原》については、第四章で、そして付記された（序章でもふれた）安井神社界隈については、第十章で再びとりあげることになる。（へ）の清水寺付近は、《下河原》と地続きであるだけに、ここにも席貸が分布していた。

最後に、(チ)の南禅寺附近の解説を引いておこう。

ここは二つの地帯に分れる。一つはインクラインを東へ渡って、南禅寺の三門までの間にある高級な料亭旅館、ここは閑静で、新婚さんなどに向く。また料亭でもあるので宴会も出来る。二十人ぐらいの団体で、宴会をやってみんなで泊る、というのに好適である。

もう一つは、平安神宮の大鳥居の南から東への一角、ここは壮大な温泉マークが林立し、大きなアベック地帯を構成している。[12]

川端康成の『古都』にも描かれた風景の一端を、[13]この記述に垣間見ることができる。

(二) 席貸街の分布

以上の旅館一般の集積地をふまえて、席貸街の分布を整理するならば、銀閣寺近傍の浄土寺石橋町や平野神社近傍の平野鳥居前町などの例外はあるものの、鴨川右岸の木屋町通周辺と、鴨東の祇園花街周辺とに大別することができる。

まず、木屋町通についてみると、すでにみた《上木屋町》と《下木屋町》とが、その典型であった。

……西手の流れが高瀬川といひ、二条より鴨川の水が分岐して、南の方伏見に達し淀川に入る、

> 即ち慶長年間角倉了以翁の開疎せし処にして、百貨運輸の通路である、この沿岸一帯に柳を植へ緑樹青々として居る、其傍を電車が常に往復して居る、此通り木屋町と云へども二条より三条迄の間を上木屋町と称し四条より松原迄を下木屋町と呼び共に貸席《せきがし》兼旅館が軒を拚べて居る、
> 茲へ遊ぶ人は多く祇園先斗の茶屋酒に飽き馴染の美妓を携へて幽邃《ゆうすい》なる鴨川の眺望に千鳥の声を聞きながら浮世はなれて粋な遊びは紳士より出来ぬことであろふ[14]

《祇園》や《先斗町》の茶屋酒に飽きた紳士が、浮世離れて粋に遊ぶ場、それが席貸街としての《上木屋町》・《下木屋町》であった。

地図をみるとすぐに気づくことであるのだが、旧花街の《東三本木》、席貸街の《上木屋町》、花街の《先斗町》、料理屋・席貸街の《西石垣《さいせき》》、そして席貸街の《下木屋町》という、モダン京都を代表する遊興空間が、鴨川に面して、そして二条以南では鴨川と高瀬川とに挟まれて、ほぼリニア状に立地していることがわかる。

また、興味ぶかいことに、街区の北端に寺院の立地する《東三本木》と《先斗町》・《西石垣》が両側町であるのに対して、《上木屋町》と《下木屋町》は街区の西側に木屋町通の貫通する片側町であった。たとえば、《下木屋町》には、「東側のみの東木屋町筋、そこには殆ど軒並みの円灯に××楼、△△家の艶めいた、また風流めいた席貸旅館か料理店」が建ち並んでいたのである[15]。しかも、第一章で確認したように、席貸は主として木屋町通側ではなく、鴨川に面した路地の奥に立地していた。

次いで、祇園花街の周辺についてみると、主要な集積地区は、次のように説明される。

…〔略〕…この辺一帯を下河原という。東京でいう待合に似た内容の席貸や旅館が多い粋な一角で、石塀《いしべ》小路《こうじ》といわれる辺りがその中心である。…〔略〕…高台寺や八坂の塔も近く、昼はひっそりとして夕方から何となくなまめかしい風がふく、といったような町並であったが、戦後はだいぶ趣が変り、新しい様式の旅館などもみられるようになった。

この地の西、東山通をへだてて「安井」という一角があり、そこもここと似た粋な趣の町で、昔は京名物の雇仲居（やとな）をよんで散財する人も多かったようだ。(16)

現在でも風情を残す石塀小路を中心とする《下河原》、そして安井神社を中心とする界隈が挙げられている。これらは、ひろい意味での祇園花街周辺と位置づけられるだろう。

（三）「京都市明細図」のなかの席貸

序章で述べたように、「京都市明細図」で紫色に着色された区画は、花街関連の産業を示している。なかには、花街の範囲外に分布する「紫区画」もあり、それらはおおむね席貸とみなしてよい。ウェブ上で公開されている「近代京都オーバーレイマップ」のレイヤーを「昭和26年頃京都市明細図（総合資料館版）」に設定して、(17) 紫区画の分布をたしかめてみよう。

京都にあって最も早く成立・集積した席貸街である《上木屋町》の範域には、御池通よりも北側だと全体的に住宅を示す緑区画が目立ち、そのあいだに赤区画の旅館が点在しているだけで、紫区画はひとつも確認できない。南側になると、「旅館」や「料理旅館」がひしめき合い、そのあいだには住宅も何件かみられるが、三条小橋上ル三本目の路地に「席貸」と記された紫区画が一カ所だけある。《上木屋町》に紫区画が一件しかないというのは、いかにも不思議だ。そこで、昭和二九（一九五四）年に作成された「火災保険図」を参照すると、御池通から三条通のあいだに「旅館」一一件を確認することができる。これと昭和一五（一九四〇）年版の『商工人名録』に収録された「席貸兼旅館」を照合すると、四件の屋号が一致した。つまり、「京都市明細図」・「火災保険図」のどちらもが、「席貸」を「旅館」と誤認していた可能性が高いのだ。

木屋町通の南部はどうであろうか。四条通を挟んで《先斗町》の南には、北からまっすぐに延びる木屋町通と、《先斗町》から延びる（鴨川のカーブに沿った）道とが合流して、逆三角形の街区を形成している。ここが《西石垣》である。もともと《先斗町》花街の範域であったものの、四条通によって分断されていたためか、江戸時代から料理屋街として発展してきた。現在でも、「東華菜館」や「ちもと」といった、名だたる料理屋が軒を連ねている。鴨川に沿った街区の中心部には、二つの紫区画がある。

同じく団栗橋以南の街区にも、紫区画三五件が集積している。ここ《下木屋町》は、「雇仲居」を派遣する事務所（「雇仲居倶楽部」）の一大集積地でもあり、紫区画には席貸と「雇仲居倶楽部」の双方が含まれている可能性もあるが、両者の区別は判然としない。

鴨東に目を向けると、やはり《下河原》のあたりには、紫区画の「席貸」、「席」、「貸席」という表記がみられる。一帯の席貸を総計すると三五件となるが、下河原通に沿った街区ならびに石塀小路に集積していることがわかる。

祇園花街に近接して、縁切り・縁結びの祈願所として知られる安井金毘羅宮（通称「安井神社」）の周辺にも、境内を囲繞するかのように紫区画が集積している。業種別にカウントすると、席貸五〇件、旅館五件、料理屋九件であった。なお、現在は紫区画のいくつかが合併して、京都ではめずらしい旧市街地型のラブホテル街となっている。席貸はラブホテルの祖型でもあったのだった（第十章）。

これらのほかに、安井神社の南側に七件の席貸が認められる。そのうち五件が八坂通に面していた。《真葛ケ原《まくずがはら》》にも、連担する区画のひとつに紫区画がみられた（第九章）。

また、高台寺の南から清水寺へと向かう二年坂周辺にも、紫区画が六件ある。さらに、八坂の塔の南側や東大路通の東側に四つの紫区画がある。いずれも、表通りには面しておらず、路地の奥やあいだに位置している。隠れ家的な席貸だったのだろうか。

三　文学作品のなかの席貸

（一）大佛次郎の叙景から

伴子は、もう一度軒燈の朱色の文字を見上げた。旅館の入口のようではなく、せいぜい三尺しか幅がない細長い路地に御影石を敷いて、奥深く入っていた。そしてその両側は長屋になっていて、畳を敷いた玄関に縫物をしている女がいたり、細い入口から奥の部屋の箪笥が見えたりした。この狭い通路に石の井戸があったり、乳母車が置いてあった。両側の廂が凸凹していて、ほんとうの町なかの路地である。その一番奥の、突きあたりに格子戸のあるのが恭吾のいる宿の入口であった。(18)

これは、大佛次郎の小説『帰郷』の一場面である。生き別れになっていた父（主人公の守屋恭吾）を訪ねた、娘（伴子）の目からみた路地の風景だ。恭吾が滞洛中の定宿にしていたのは、路地の突き当たりにある旅館で、時には寺社をめぐり歩き、また時には日がな一日「賀茂川べりの部屋から外を眺めて」過ごすのだった。ちなみに、このとき伴子は前節（一）で引用した「南禅寺附近」の「旅館」に泊まっている。

さて、大佛の叙景からお気づきの読者も多いことと思うが、恭吾の定宿は木屋町の（作品中では旅館とされているが）席貸であったと思われる――直感的には《下木屋町》だ。上下の木屋町の席貸を表象する叙景は、明治期の観光ガイドブックからすでに、路地の突き当たり、そして鴨川とその向こうの東山を描くのがつねであった。

文学作品や文学史に登場する席貸は、どちらかといえば《上木屋町》の方が多いのだけれども、《上木屋町》のみならず、《東三本木》などにもなじんだ長田幹彦は、大正初年、《下木屋町》にも拠点をおいていた。彼の文章を引くならば、「下の木屋町の堂々たる席貸しへ陣どつて、毎晩のやうに祇園や先斗町の藝妓舞妓を集めて紅囲粉陣をしてゐた」、あるいは「尼僧の××は、僕のゐる木屋町の席貸しなぞへもちよくちよく遊びにやつてくるやうになつた。僕が舞妓、藝妓を集めて涼床《ゆか》で飲んでゐると、そこへやつて来て、平気で盃なんか受けた」、などと述懐している[19]。

吉井勇もまた、そのころの様子をよく覚えていて、次のように述べている。

> 長田君は私より二三年遅れて京都に往つたが、しかし祇園に心酔したことは、到底私とは比較にならないほど深かつた。加茂川に望んだ木屋町の席貸に、半年近くも淹留して、昼は仕事に没頭をしてゐたが、夜になると床に出て雪洞の灯影で飲み初める。そして長田君の手から杯が離れるのは、いつも夜半の一時か二時、深更におよんでからなのだつた。
> 「兎に角木屋町にこんなに長くゐるのは、画家の大観と僕だけださうですよ」

或る時私が訪ねてゆくと、長田君はこんなことを得意さうにいつてゐたのを覚えてゐる。[20]

「画家の大観」とは横山大観であろうか。放蕩を尽くした幹彦は、このあと、東山山中の怪しげな宿に逼塞せざるをえなくなるのだが、この点については第三章でふれよう。

余談となるが、《下木屋町》の表通り、つまり席貸とは反対側の木屋町通に面した一角（仏光寺）には、文壇史とも密接に関わる伝説的なバーが存在した。「空飛ぶマダム」などと称された、祇園花街出身のおそめ（上羽秀）の経営する「おそめ」である。大佛次郎、川端康成、川口松太郎といった小説家、あるいは川島雄三などの映画関係者が、頻繁に訪れたという。

大佛次郎『風船』の主人公・村上春樹は、『帰郷』の守屋恭吾と同様、「賀茂川べりの木屋町の宿」を利用し、「宿の縁側から水が流れている賀茂川や、東山を、ぼんやりと眺め」ることもあった。この作品には、「往来とすれすれに高瀬川が流れている木屋町仏光寺の酒場」も登場し、店のマダムは「お染さん」となっている。[21]

川端康成『美しさと哀しみと』の冒頭は、「おそめ」こと上羽秀に導かれた川端が、とある場所で除夜の鐘を聞くシーンがベースとなったという（後述）。川口松太郎も、「京都は昔からバーの発達しない土地で」ありながら、「おそめの思いつきは思いの外に成功し、小さなスタンドバーが大当り」に当たったさまを紹介していた。[22]

このように小説家たちの馴染んだおそめについては、彼女の人生や社会的な背景、そして文化としてのバーなどもふくめ、石井妙子『おそめ 伝説の銀座マダム』にあますところなく描かれている。ここでは、《下木屋町》と関わる点にのみ注目しておくと、偶然にもおそめが祇園から旦那に落籍されたあとに暮らしたのが、のちにバーを開く、木屋町仏光寺なのであった。その秀（おそめ）のお目付け役を任されたのは、「二軒ほど隣」で「貸席を営んでいた」女性であったという。[23] もちろん、席貸である。「京都市明細図」をみると、「おそめ」のあった場所の路地奥には、たしかに紫に着色された大き目の区画が存在する。

（二）近松秋江の叙景――《上木屋町》と《下河原》

> ……少し東山よりの方へ上っていったところにある、とある旅館にいって泊ることにした。それというのも、その旅館へはその女とも一緒によく泊りにいったことのある馴染みふかい家であったからだ。そのあたりは、そんな種類の女の住んでいる祇園町に近いところで、三条の木屋町でなければ下河原といわれて、祇園町の女の出場所になっている洒落れた土地であった。それは東山の麓に近い高みになっていて、閑雅な京都の中でも取り分けて閑寂なので人に悦ばれるところであった。[24]

《下河原》が文学作品に登場することは、ほとんどない。その数少ないなかのひとつが、近松秋江の「黒髪」である。不思議なことに、秋江が席貸という語句を作中でもちいることはまったくないのだが、「三条の木屋町」（＝《上木屋町》）と並び称される《下河原》の「旅館」とは、まちがいなく席貸であろう。祇園花街の女の出先ともなる、という点からも明らかだ。

この点についてうまくまとめているのが、第一章でも引いた旅行ライターの松川二郎であった。『全国花街めぐり』の京都編のなかで松川は、花街でないにもかかわらず、わざわざ「木屋町・下河原」と並列した項目を立てる。そして、この二つの街が「花街ではないが、祇園や先斗町の遊びにも飽きた、と云つて嵯峨や宇治は遠くておつくうだといふ人達の行くところ」であるという、おなじみのクリシェをもちいて、「川のほとりの陽気なのを好む人々は木屋町」、そして「山のふもとの閑寂さをこのむ人々は下河原」と、客の趣向性から二つの席貸街のちがいを説明し、どちらも「風流粋士の知らねばならぬ処」だと位置づけてみせた。

《上木屋町》については第一章で引用したので、ここでは《下河原》の部分を参照しておこう。

> 高台寺前の下河原町は、むかし太閤夫人が此上なく愛でた閑寂の境で、御旅館と丸ボヤ艶消しの電燈を掲げた意気づくりの家々は、門を入つて玄関までお誂への白河砂利を敷いた間に、花崗岩の踏石が通じて清々しく打水をなし、隣りと境した壁際には申し合せたやうに清楚な笹が植はつてゐる、見るからに閑境そのものである。昼の静けさに引《ひき》かへて、夜が更けると歓楽の夢をのせたナツシュにシボレー、パツカード、陸続として遊客と芸妓とを戸毎に運んで来る。[25]

《上木屋町》ともども、《下河原》についてもみごとな説明である……のだが、松川なりの脚色がくわわっているとはいえ、この文章にはオリジナルが存在した。それは、大正期の鴨東を知り尽くした小説家の手にかかる随筆、すなわち近松秋江「私の好きな京の街々」にほかならない。

高台寺のある処は即ち下河原で、下河原は鴨涯の木屋町と同格の、風流粋士の必ず知つてゐなければならぬ土地である。川の傍の陽気なのを好む人は木屋町。山の畔の閑寂を愛する人は下河原。祇園神社の正門を南に出ると南北に通つた下河原の町には旅館と入口に誌した意気づくりの家が多い。門を入つて玄関までおあつらへの白川礫を敷いた中に花崗岩の踏石が通ふてゐて、隣家と境した壁際には定つて清楚な笹が植てある。丸髷に結つた仲居や女衆が水道の水をゴム管で呼んで其等にじやあ〳〵洒ぎながら洗つてゐるのを、私は洗湯のゆきかへりによく見る。その洗湯は下河原の町にあつて、粋な種類の女が入りに来る。夜遅く客と芸者を運ぶ自動車の響きに私は、どうかすると夜半の夢を破られることがある。東山の麓、その昔太閤夫人がこよなく愛でた此の閑寂を極めた地域にも今は自動車が間断なく疾駆して、長夜の歓楽を漁る遊蕩児を送迎してゐるのである。(26)

松川の記述は、現在の基準に照らせば、かぎりなく剽窃にちかいものがある。『夜の京阪』を読んで、安直に流用したのだろう。ただし、花街との関わりや、花街と地続きにある席貸街の特性を把握しているという点では、さすが手練れのライターというほかはない。

「私の好きな京の街々」は、「黒髪」「狂乱」「霜凍る宵」、あるいは『二人の独り者』といった小説とは一味ちがう街ある記であり、《下河原》のみならず、大正中期の文化景観を知るうえでも貴重な作品である。

多くの観光客が行き交う「ねねの道」を歩くとき、ぜひ秋江ないし松川の記述を思い出してほしい。閉ざされた門から玄関までつづく白河礫を敷き詰めた路地のような通路、その向こうにかつての席貸がまだあるだろうから。

（三）北條秀司の宿

席貸とは、ある種のレンタル・スペースである。かつて東京では「待合政治」なる言い方もあったが、その待合に類するとも称された席貸は、密室性が高く、ときに連れ込み宿の原型となるような役割もはたしていた。節度ある空間の自由が存在した、といってもよい。

そうした京都の宿の席貸的側面を、もっとも深く理解し、身をもって体験し、そして記述していた人物がいる。劇作家の北條秀司である。北條が代表作の「「王将」は嵐山で書き、「京舞」は祇園で書いた」と述べるとき[27]、そのどちらも、彼が「おばあちゃん」と親しみをこめて呼ぶ女性の経営する宿が執筆の場であった。

おばあちゃんとは、祇園新地甲部の富永町で「清水政という古格を持つお茶屋」を営んでいた女性であり、戦時中、強制疎開によって廃業し、天竜寺のわきにある別荘へと疎開していた。戦後、市内のホテルが進駐軍の宿舎となり、手広の物件が引き揚げ者の寮として買収されるなかで、おばあちゃんは「形ばかりの旅館の看板を出し、泊りに来る人があると満員でして……と断っ」ていたという。つまり、「もとより客は一人も取らぬ虚名旅館」なのであった。

「虚名」とはいえ、《祇園》でお茶屋を営んでいたおばあちゃんの旅館である。「人目をしのぶ遠出の場所」としてはもってこいの宿となり、《祇園》の関係者が「内緒でお客と芸妓を泊めてもらいに来」ることもあった。[28]「一見さんお断り」のうえに、芸妓が遠出で宿泊するということになるならば、営業の形態としては、かぎりなく席貸にちかい。

その後、おばあちゃんは《祇園》の近傍(「八坂神社の神幸道」)へと引っ越し、北條もそこを新しい定宿としていた——おばあちゃんが亡くなるまでは……。同じころ、《真葛ケ原》の片隅に、「もう一軒、時をかまわずゴロゴロしていられる家」が北條にはあった。円山公園の敷地内にあたる《真葛ケ原》には、やはり天竜寺わきの宿(かな江)と同様、「なるべく客が来てくれないことをのぞむ席貸しや喫茶店が点在していた」という。公園地に含まれる関係から、商いをしないと居住が許されなかったのである。この席貸も、祇園新地にあった元お茶屋の娘さんが経営していた。演劇界の大御所として名高い、あの北條秀司が「わたしは恋をしていたのだろうか。いや、そうではない。たしかに恋ではなかった」と自問自答してみせたのは、その娘さん、すなわち「いもぼうの近くで席貸の札をあげている末世子さん」に対してである。(29)名ばかりの旅館である席貸、しかも《上木屋町》や《下河原》といった集積地区以外の立地を認識し、利用していた北條であるだけに、「京都市明細図」や「商工人名録」などからでは把握することのできない存在を浮き彫りにする。

清水寺の参詣道の一つ裏坂道に五、六軒の席貸が段になってかたまっている一角があった。あまりいい身分じゃない人が、いや、いい身分でも人目を厭う人達が、コソコソと出入りする小さな家だが、と言って、新京極裏のボン屋みたいな小寒いものではなかった。そんな家を、場違いな、清純な娘ふたりでやっていた。(30)

別のところで彼は、「清水寺の裏山道の、あまり人の眼につかない山端に、ゴジャゴジャと四、五軒、二流の席貸がかたまっている所があった」とも述べているが、「京都市明細図」はもちろん、旧版の「住宅地図」などをみても確認することはできない。北條は大雪のために、あえなくここで一晩を過ごすことになるのだが、料理を出すことを前提しない席貸だけに、食糧がまったく貯蔵されていなかったという。(31)このような「二流の席貸」は、鴨東の随所にあったのかもしれない。

最後に、北條が描いた隠れ家的な席貸をもうひとつだけとりあげよう。それは大晦日、とある事情でひとりの女性とはからずも耳にすることとなった、知恩院の除夜の鐘にまつわるエピソードだ――

「ビックリさせられた除夜の鐘は、円山の上の席貸で聴いた知恩院の鐘だった。あとでマッチを見たら、鐘隣庵という別名が刷ってあった[32]」。

このエピソードから、すぐさま想起される小説がある。川端康成「美しさと哀しみと」だ。

車は圓山公園を深く知恩院の方へのぼつて行つた。古風な貸席の座敷には、音子のほかに舞妓が二人来てゐる[33]。

石井妙子『おそめ』によると、上羽秀（おそめ）らが、「川端が除夜の鐘を聞くのに相応しい場所を探し」て案内したのが、「知恩院近くの貸席、鐘隣閣」であった。二人の舞妓を呼んだのも、秀である[34]。

川端の作中、そして『おそめ』でも「貸席」となっているものの、北條の記すように「席貸」が正しい。祇園の花街からもほど近い円山、その高台に位置する宿もまた、舞妓の出先となる席貸であったことがわかる。

四　《祇園》周辺の宿

大正一五（一九二六）年四月、祇園新地の名妓として知られた萬龍《まんりゅう》が、妓籍を抜けて本名（佐々木八重）にもどり、高台寺の門前、すなわち《下河原》の中心に「佐々木旅館」を構えた。祇園町に長らくいたがゆえに、「ここらの事情」をよく知ったうえでの立地選択である。

周辺には、しもた屋が多いため、夜間、「駒下駄履いてカタカタとチヨコチヨコ」と走ることや、出入りする自動車から出る音に、気兼ねせざるをえない環境であった――近松秋江の描く《下河原》の夜。佐々木八重は「祇園町とは又別の世界どすさかい」と自認しつつも、やはり《祇園》とのつながりも深かったのだろう。佐々木旅館もまた、実際のところは席貸だったのかもしれない(35)。実際、萬龍と同じ大正一五年春の都踊をもって妓籍を離れた小光《こみつ》（堀てい）も、やはり《下河原》で「旅館席貸」を開業している(36)。

祇園花街の周辺には、このように深いつながりのある（つまり、元芸妓の経営する）宿がいくつもあった。川口松太郎の「まん栄」はその典型であるし(37)、北條秀司の文章にあらわれる宿の多くも、祇園出身の女性経営者たちであった。思い出してほしい。第一章で紹介した、漱石の宿（北大嘉）を金之助とともに足しげく訪問していた「お君さん」のことを。彼女もまた、もとは君菊という名の芸妓で、当時は高台寺の南側（桝屋町）で「大虎という席貸旅館を営んでいた」のである(38)。

同じく、《上木屋町》に最後に登場した川端康成のことも想起しよう。彼は「柊家」を定宿としつつ、木屋町二条下ルの「其中《きちゅう》旅館」の女将とは旧知の仲で、しばしば訪ねていたという。その女将もまた「祇園で義太夫芸者として鳴らしていた人」なのだ。(39)

最後にもうひとつだけ、ここはやはり北條秀司の文章を引用しておこう。

その季節〔深秋〕だけは町の宿屋に泊りたい気持ちが湧く。それも一流の家じゃなく、二流の、いやもっと下級のささやかな古宿に泊りたい。そして、出来たらヒッソリとした路地の中で、さらに贅沢を言うならば、二階の窓を開けると、隣りの瓦屋根の上に東山が見え、夜半の目覚めに近くのお寺の鐘の音が聞こえるといったオーソドックスな宿屋を見つけたい。

そんな話を祇園の誰彼にするたンびに、いま時そんな都合のええ宿屋がおすかいなと、一笑に付せられるのが常だったが、それは祇園育ちの祇園知らずというやつで、げんに今わたしは高台寺に近い路地の奥の宿屋でこれを書いている。深切な文の助茶屋のおかみさんが見つけてくれたのである。

窓を開けると注文通りの東山といっしょに、八坂の塔まで見えるという恵まれた古宿なのである。昔祇園甲部に出ていた老女が、遊びかたがた一現じゃないお客だけを泊めている。(40)

芸妓の出先には、最大限に配慮するのが京都の花街である。そして《祇園》の周辺には、花街とのつながりにおいて存立する宿も多かったことだろう。花街に耽溺した文人たちの作品は、花街そのものではなく、むしろ周辺の〈宿〉に拠るところがおおきかったようにも思われる。近代京都の文学空間をマッピングする際、基図となるレイヤーは、〈宿〉のトポロジーとしなくてはなるまい。

第三章　鴨川畔の山紫水明
――《東三本木》の文人たち

一　『暗夜行路』の宿

志賀直哉の長編小説として知られる『暗夜行路』の後編は、舞台を京都に転じて物語が展開していく。最初の山場となるのは、主人公の時任謙作が、のちに妻として迎えることになる、直子を見初める場面だ。

京都にやってきた謙作は、そこにどういうつてがあったかはさだかでないものの、「川に望んだ東三本木の宿」に泊まり、貸家を探し歩いていた(1)。

ある日、食事を終えた謙作が夕涼みに河原へ出てぶらぶら歩いていたとき、《東三本木》の同じならびにある部屋で七輪を焚く「美しい人」を遠目に認める。その部屋の前を行き来し、それとなく様子を探る謙作には、「通り一遍の気持」ではない恋情が芽生えていた。

翌日、奇遇にも旧友（高井）と再会した謙作は、「自分の問題」、すなわち名も知らぬ女性に一目惚れした事実を打ち明け、関係の進展を相談する。すると、行動的な高井は、すぐさま彼女のいる宿に出向く。謙作と彼女とをどうにかして引き合わせるべく、潜り込もうとしたのだ。

だが、部屋は空いていないとていよく断られたことから、二人は謙作の宿の主人にあらためて問い合わせてもらうことにする。その場面を、引用しておこう。


……宿の女主が直ぐ茶道具を持って来た。

「東三楼ですかね。このむこうにありますすね」高井は直ぐに云い出した。

「へえ」女主は茶をいれながら返事をした。

「あすこは、下宿もさせるのですか？」

「へえ、よう大学や市立へ通われる病人さんが宿られるよう聞いとりますが」

「実は今、部屋を訊いて見たんです。……」

「へえ」

「部屋がないと断わられたんです。然しそれがぶっつけに行ったんで、断わられたのか、実際ないのかよく分からないんです。本統の事が訊いて貰えると都合がいいんですが……」

「早速尋ねて参じましょう。あのお家は前のお方やと、極く御懇意に願うとりましたが、一昨年代がわりになりまして、未だお馴染は薄うムりますが、自家の仕出し屋があのお家へも入りますさかい、仕出し屋に訊ねさせましょう(2)」

《東三本木》は謙作のような一時的な滞在者、療養を必要とする通院者などが「下宿」する宿屋街であったようだ。だが、料理は仕出しにたより、「ぶっつけに行った」のでは断られる可能性さえあるといい——つまり「一見さんお断り」、普通の旅館とは明らかに異なる性格を有していることがわかる。近松秋江『二人の独り者』にも登場した旅館街としての《東三本木》とは、いったいどのような場所であったのだろうか。

二　歴史空間としての《東三本木》

河原町丸太町の交差点から鴨川方面へと一〇〇メートルほど進み、北側の路地へ入ると、そこには実に不思議なかたちをした街区がある。路地はすぐに丁字路となり、北側を見通すことができない。鴨川の方に歩を進めれば東三本木通、河原町通側には西三本木通と、南北に並行する東西二本の街路が、この丁字路で結ばれているのである。

図3－1　「立命館草創の地」の石碑

東三本木通をしばらく北へ進むと、比較的大きな集合住宅の脇に、小ぢんまりと石碑が建てられている（図3－1）。黒光りする磨きこまれた石面に何やら木造建築を映し込むその碑には、「立命館草創の地」「京都法政学校」「1900年（明治33年）5月19日」と刻まれている。どうやらここは、立命館大学にもゆかりのある地であるらしい。

近松秋江と志賀直哉が、ほぼ同時期に、それぞれの作品の背景として描いた《東三本木》と称されるこの街区には、わたしたちの歴史的想像力を駆り立てる、さまざまな物語が存在する。諸種の物語によって彩られた歴史は、単に大学創立の場という以上に、この街を（その不思議な街衢の形状とあいまって）謎めいた存在にさせている。

まずは、この地に足跡を残した歴史上の人物たちを列挙してみよう。

（一）花街としての《東三本木》

（よすがら三本樹の水楼に宴して）

明やすき夜をかくしてや東山

これは、俳人・画家である与謝蕪村《よさぶそん》（一七一六－一七八三）の六六歳のときの句である。彼は、しばしばこの地に遊び、鴨川に面した席亭で句会を開いていた。河東碧梧桐《かわひがしへきごとう》（一八七三－一九三七）によると、蕪村は「東山、三本木辺の料亭にはよく出入してゐた」といい、「虚構らしい」とことわりを入れつつ、「「雪」といふ妾があつた、といふ口碑」を伝えている。雪がいたのは、「富永楼」という旗亭であった。(3) 拙著でもとりあげたが、《東三本木》は、その由緒を北政所にまでさかのぼる──少なくとも、そう伝えられる──歴史的な遊里のひとつである。(4)

ここが、江戸時代後期の思想家である頼山陽《らいさんよう》（一七八〇－一八三二）の終焉の地であることも忘れてはなるまい。脱藩、遊蕩、廃嫡、檻禁、そして儒学者の菅茶山の預かりとなったあと、文化八（一八一一）年に京都へと出奔した山陽は、文政五（一八二二）年に、《東三本木》の南町に居を移し、その名も水西荘と名づけた。その後、邸内の鴨川沿いに小亭「山紫水明処」を築いている。

ふとんきて 寝たる姿は古めかし

起きて春めく知恩院
その楼門の夕暮れに
好いたお方に逢いもせで　好かぬ客衆によびこまれ……

山陽が「東山」を作詞したのは、ここ山紫水明処だったのだろうか。

幕末・維新の動乱期、《東三本木》の芸妓であった幾松が、尊王攘夷運動の中心となった長州藩士・桂小五郎（のちの木戸孝允、一八三三－一八七七）を助けた艶のある話も有名だ。蕪村の愛妾と伝説的に語られる雪、そして桂小五郎の妻となる幾松も、芸妓であった。幕末までの《東三本木》は、花街的な要素の色濃い場所であったといってよい。

（二）料理屋街への変容

しかしながら、明治初年に花街としての色彩は薄まり、その後は料理屋街へと変じていく。たとえば、明治一一（一八七八）年の『売買ひとり案内』には、「席貸料理」の項目で《東三本木》の「茨木楼」と「大岩楼」が挙げられていた(5)。

さらに、明治一四年の『京都名所案内図会』にも「席貸料理」の項目で、「月波楼」・「茨木楼」・「大岩楼」が(6)、明治一六年の『都の魁』の「料理の部」には、「いはらきや〔茨木屋〕事 清輝楼」・「信楽楼《しがらきろう》」・「大岩楼」の絵が、それぞれ掲載された(7)。同じく明治二〇年の『京都名所案内図会』の「席貸料理」にも、「吉田家・大岩・月波楼・茨木楼」の名がみえる。明治二七（一八九四）年の『京都案内都百種』になると、「席貸御料理」で、「清輝楼」と「月下楼」が挙げられている。(8) いずれも、ただの料理屋ではなく、「席貸」として位置づけられている点が興味ぶかい。

旧花街である《東三本木》の料理屋について、その席貸としての性格を説明するのが、『京都繁昌記』（明治二九年）である。

貸席　鴨川の滸《ほとり》、三本木に楼あり。貸席をなす。貸席とは客の需に応じて席を貸すなり。独り三本木のみならず。円山亦然り、木街《きやまち》亦然り。而して木街は尤も風景に富む。仰げば則ち東山、俯せば則ち鴨川、翠色淋漓として雪々耳を洗ふ。且つ楼台清潔、器皆な精奇、実に仙境なり。客あり楼に登る。酒肴優備にして、美人周旋し、巧言令色、懇待骨に次《きざ》む。(9)

見出しと文中それぞれに「貸席」とあるが、「貸席とは客の需に応じて席を貸すなり」という業態からすると、その他の案内書にもあらわれた「席貸」とみなす方が妥当であろう。《円山》ならびに《上木屋町》と類比されているが、《上木屋町》の席貸に料理屋の機能がまったくないことを考えると、形態としては《円山》の諸楼にちかいといえるかもしれない。(10)

三　文人たちの宿

（一）清輝楼の変遷

《東三本木》をよく知る画家の山口八九子《やまぐちはちくし》（一八九〇－一九三三）は、その来し方を次のように素描している。

山水の美は山と水に極まるといふが三本木の存在またこゝにあつたのでありませう。御所の東、加茂川の西岸即ち山紫水明処と山陽が自分の廬に銘した三本木は昔の郊外住宅地であつたことを想起させます。最も酒亭妓楼として知られたことは蕪村の句によつてもしのばれ、雪月花、さては絃歌のさんざめきも川の瀬音に和し、情趣濃やかな置炬燵に千鳥きく夜話の中にも維新の画策のこゝに孕んでゐた当時志士名妓のゆきゝ繁かりしを偲ぶ月波楼、銀水楼、晴暉楼、信楽等々、木屋町のそれの如く並んであり、晴暉楼は私の幼時には先づ一流の料亭として知られてゐましたがその後西洋料理屋となり、学校となり、下宿屋と旅館と、幾度かその変遷のみでも時代と共に形はそのまゝながらも動揺しつゝあることが面白い。(11)

この随筆は、わたしたちがここまでたどってきた場所の系譜を、あらためてたどるよすがとなる。

旧市街地の縁辺に位置する《東三本木》は、蕪村も遊んだことで知られる花街であった。頼山陽は、この街のはずれに庵（山紫水明処）を結んでいる。「桂小五郎はどこだ」と殺気立つ新選組の近藤勇を前に、平然と「京の四季」を舞い続けて往なしたのは、芸妓の幾松である。

晴暉楼（＝清輝楼）、信楽楼、銀水楼、月波楼が、「木屋町のそれの如く並んで」というのは、《上木屋町》の席貸に比しているのだろう。山口八九子の幼年時代（明治二〇年代）、清輝楼は「一流の料亭」であった。そして形はそのままに、料亭から西洋料理屋、さらには学校、そして下宿屋・旅館へと変遷する。このなかでやや異質に思われるのが、「学校」である。これは、すでにみたとおり、明治三三（一九〇〇）年、中川小十郎によって開設された京都法政学校、すなわち立命館大学の前身にほかならない。

その後、清輝楼は、その他の楼ともども、下宿屋・旅館へと変じる。『二人の独り者』と『暗夜行路』の舞台がととのうのだ。

（二）信楽楼の文人たち

明治後期の《東三本木》には、名だたる文人たちが姿をあらわす。たとえば、吉井勇が北原白秋《きたはらはくしゅう》（一八八五－一九四二）や茅野蕭々《ちのしょうしょう》（一八八三－一九四六）とともに、与謝野寛《よさのひろし》〔鉄幹〕（一八七三－一九三五）に導かれてはじめて「京の土を踏んだ」のは、明治三九（一九〇六）年の晩夏であった。その際に泊まったのが、《東三本木》にある鈴木鼓村《すずきこそん》（一八七五－一九三一）の家である――「当時箏曲の師匠をしてゐた鈴木皷村の家で、王朝風の服装で便々たる腹を突き出しながら、美しい女弟子の間に交つて、悠然と筝を弾じてゐた皷村君の姿は、今でも私の目に残てゐる」(12)。それが、旅館ではなく鈴木皷村の自宅であったのかはさだかでなく、与謝野鉄幹の案内という点も気にかかる。

次いで明治四一(一九〇八)年、京都大学に着任したドイツ文学者の成瀬無極《なるせむきょく》(一八八五―一九五八)が、京都にやってきて「行李の紐を解いた」のは、《東三本木》の月波楼であった。「近くの信楽旅館には与謝野鉄幹や上田敏が泊り、詩人や文士が出入し」ていたほか、「その先きのあづま家というホテル・レストランにLという彫刻家と三高講師のH氏とが泊まつてゐた」という(13)。

名前の出た文学者・上田敏《うえだびん》〔柳村〕(一八七四―一九一六)と《東三本木》の関わりについては、新村出《しんむらいづる》(一八七六―一九六七)の回想が参考になる。

明治の四十二年の晩春五月に私は平安京に移住し来り、その三十三歳の壮時から、この秋まで五十年半世紀間、この鴨川の西涯また川の附近に住居した。最初は山紫水明処の北隣、対岸には幕末に梁川星巖だの春日潜庵だのが住した遺蹟が垂柳蔭に見え、一時は富岡鉄斎や井出曙覧が居たと聞いた東三本樹、明治時代には、学術界や芸術界の先進者も前後相継いで止宿した由緒の深い信楽亭において、東友同僚の上田柳村と二三ケ月間朝夕清興を共にした。与謝野晶子の親友たりし谷出お愛さんが主婦として、朝夕私らに西涯の名区を語り告げ、先斗町の鴨川踊をも紹介してくれたりした(14)。

山紫水明処の対岸には、漢詩人の梁川星巌《やながわせいがん》（一七八九－一八五八）や陽明学者の春日潜庵《かすがせんあん》（一八一一－一八七八）らも足跡を残していたようだ。さらに、幕末の歌人・井出曙覧（橘　曙覧《たちばなのあけみ》）（一八一二－一八六八）や画家の富岡鉄斎《とみおかてっさい》（一八三七－一九二四）が、《東三本木》に住したこともあったという。

そして、京都大学に着任した新村出と上田敏は、「学術界や芸術界の先進者も前後相継いで止宿した」という信楽に同宿していた。新村出の世話で、大正八（一九一九）年に信楽に泊まった言語学者の金《きん》田一京助《だいちきょうすけ》（一八八二－一九七一）もまた、「鳳晶子さんの署名入りの『みだれ髪』を所持している人（お愛さん）だったという。宿の女将は、与謝野晶子《よさのあきこ》（一八七八－一九四二）の親友・谷出愛で、よく晶子さんのことを話して聞かされた」と紹介している。(15)

（三）長田幹彦と信楽楼

第一章で述べたように、明治四五（一九一二）年にはじめて入洛した谷崎潤一郎は、自身の「朱雀日記」を振り返りつつ、「私は京都には全く一人も友達がなかつたので、着いた明くる日、私より一と足先に此の地へ来て三本木の「信楽」と云ふ宿に滞在してゐた長田幹彦君の所へ飛んで行つた」と記している。(16)

信楽を訪れた谷崎に長田幹彦が教えたのだろうか。谷崎もまた、信楽の女将が与謝野晶子の旧友であったことから「文人の投宿する者が多」く、彼が訪ねたときにも、「つい二三日前まで有島行馬君其の他白樺の連中が二階に陣取つてゐたと云ふ話」を耳にしたのだった。[17]

白樺派と聞けば、志賀直哉が想起される。彼の日記をみると、やはり信楽に宿泊しており、『暗夜行路』の舞台設定は、みずからの経験にもとづくものだったのだろう。また、「寛晶子の夫妻が、そこに泊ってゐて大文字を見たりしてゐたとき、柳宗悦兼子女史も同泊して居たこともあった」という。[18]柳宗悦もまた、白樺派である。

話をもどすと、谷崎潤一郎は当時を――とりわけ、瓢亭《ひょうてい》で対面した上田敏に礼を失したことを――振り返りつつ、「毎日々々お茶屋通ひの方が忙しく……若い二人は先生の前で窮屈な思ひをするよりも祇園先斗町の藝者を相手に駄々羅遊びをし、分不相応な負債の山を作るのに熱心であつた」と述べ、「しまひには至る所に借金が出来、這ふ〳〵の体で東京へ逃げ帰つた」ことを打ち明けている。[19]

残された長田幹彦の方はたまったものではなかったはずなのだが、彼もまた「三条の金子竹次郎氏に連れられて初めて祇園の長谷仲といふ茶屋家へいつた晩なぞは、全くうれしくて口が結ばれなかつた」、「それからはもう連日連夜、荒酒耽湎《こうしゅたんめん》、鴨川の岸に涼床がかかる頃まで、殆ど無我夢中で日を暮らしてしまつた」と回顧する。[20]結果、谷崎が記すように「負債の山」をこしらえ、信楽のお愛さんに借金をしたことさえあったようだ。

谷崎と別れたあと、いったん東京へ帰った幹彦は、翌月には再び京都に舞いもどり、第二章で述べたように、「下の木屋町の堂々たる席貸しへ陣どつて、毎晩のやうに祇園や先斗町の藝妓舞妓を集めて紅囲粉陣をしてゐた」のだった。案の定、また首が回らなくなり、「東山の中腹にある甚五楼といふ怪しげな宿」に逼塞するほかはなかった。その宿は、「山の中の一軒屋で、宮川町あたりの芸妓が客をくはへこむ穴だつた」というから、ここもまたある種の（低級な）席貸だったのかもしれない。(21)

そこへ思いがけず訪ねてきたのが、島村抱月である。「大学以来何年振りかでお眼にかゝつたのがうれしくて僕はむりをして御一緒に祇園の茶屋へお伴をした」という。当時、みずから起ち上げた劇団の看板女優であった松井須磨子との不倫問題を抱えていたためなのか、抱月もまたずいぶんと深酒をしたらしい。その後も抱月は、しばしば幹彦を誘ったようだ。

島村先生は夜になるとよく三本木の宿から電話をかけて下すつて、そこで徹宵痛飲することもあつた。いつもお酒を二升と、牛鍋をとつて、宿のものはすつかり寝《やす》ませてしまつて、それから鴨川の水が白むまで飲みながらお話をした。(22)

ここには「宿」としか書かれていないけれども、おそらく信楽だったのだろう。抱月が風邪で急逝する五年前のことだ。

（四）信楽楼の離れ

文人たちの回顧録や随筆を読んでいると、しばしば信楽楼の離れが登場する。「河畔最も近く、それこそ枕に添うて水が流れ、せせらぎの音がひねもすよもすがら聞こえる四畳半の小ざしきには、それにふさはしい上田柳村が席を占めた」――明治四二（一九〇九）年のことだ。幸田露伴の弟で歴史学者の幸田成友《こうだしげとも》（一八七三－一九五四）も、この部屋を利用したことがあるという(23)。

長田幹彦がみずから信楽楼について語ることはなかったけれども、谷崎潤一郎は「幹彦君の部屋は、階下の離れのやうになつた川べりの座敷であつた……幹彦君のゐた座敷からは、加茂川を隔てゝ東山の三十六峰を窓外に眺めることが出来、朝な〳〵川原に千鳥の啼く聲が聞けると云ふ場所柄で、恐らくあの邊の都雅な情趣は山陽の住んでゐた頃とさう違つてはゐなかつたであらう」と感想を述べている(24)。

金田一京助は二度目に京都を訪れた際にも、やはり信楽楼を利用している――「室は、奥の離れで、すぐ下はもう河原だつたから加茂の河原の情調を、山陽も、こう味わつたろうと想いやりながら味〔わ〕つて、十分にたんのうした」(25)。おそらくは、『二人の独り者』の田原が寄宿していたのも、この部屋だったにちがいない。

《東三本木》は、《上木屋町》や《先斗町》と同じ鴨川右岸の遊所でありながら、おおきく異なる点がひとつある。それは、鴨川の水面との比高である。「鴨涯《おうがい》」とも称される《先斗町》、あるいはその上流側に位置する《上木屋町》では、現在、その比高をうまく利用して高床式の納涼床が設えられている（第七章を参照）。他方、《東三本木》は水面からの比高が小さく、すぐ河原に出ることのできる地形であった。治水を目的とした浚渫によって地形は改変されたけれども、河原のすぐわきには、頼山陽の山紫水明処がいまも保全されている。

《東三本木》の地形と環境、そして山陽のネーミングと実在する庵の物的環境とがあいまって、場所イメージが再生産されていることを、文人たちの叙景にみることができるのである。[26]

（補説）吉田屋をめぐって

「立命館草創の地」として設置された石碑には、「なお清輝楼は明治維新の中心的な担い手のひとり桂小五郎（木戸孝允）と幾松（のちの木戸夫人）の逸話でよく知られる吉田屋のあとをうけ継いだものといわれ、その後の変遷を経て一九九七年まで大和屋旅館として存続した」と刻まれている。また、そのとなりに京都市が設置した銘板「吉田屋跡」では、「このあたりは幕末維新の史跡ともいえる料亭吉田屋があった所である」とされている。なぜか、どちらも確定的な書き方とはなっていない。

この点をはっきりと書いているのは、錦織剛男『遊女と街娼』であろうか。

> 丸太町橋の北から西側を見ると「大和屋」という古めかしい旅館がある。ここは幕末の頃、桂小五郎はじめ勤王の志士らが、しばしば密議をこらした料亭吉田屋の後進である。…〔略〕…この吉田屋もその昔は三本木遊廓の中の料亭で、いばらきや、あづまや洋食店と名前が変り、現在の大和屋となった…〔略〕…。[27]

「吉田屋→茨木屋→あづまや→大和屋」という変遷が、錦織の説である。山口八九子の「料亭

→西洋料理屋→学校→下宿屋・旅館」とくらべると、「学校」をのぞけば、ほぼ対応しているといってよい。

やや気になるのは、すでにみた『京都名所案内図会』（明治二〇年）のなかで、「吉田家・大岩・月波楼・茨木楼」というように、吉田屋が茨木楼と併記されていたことである。かりに茨木楼が清輝楼を指しているならば、清輝楼は吉田屋の後身ではないことになる。清輝楼は本当に吉田屋だったのだろうか？

「京都市明細図」をみると、「大和屋」の位置には、赤区画があり、「旅館角屋」と書かれているように読める。その南側は、緑区画で、「療」という文字とともに「吉田」と書かれているようにもみえるのだが、気のせいだろうか？

第四章　花街周辺の宴席文化
——山猫・配膳・雇仲居

一　《下河原》の山猫

（一）疫神社の玉垣

四条大橋をわたって東へ歩をすすめると、八坂神社の立派な西楼門が目にはいるだろう。石段をのぼり、その朱色の門をくぐると、正面に小ぢんまりとした神社がみえる——疫《えき》神社である。観光客は行き過ぎるばかりなのだが、もしこの小社を参拝されたのなら、社殿をぐるりと囲む玉垣を眺めてみてほしい。くずし字で読みにくいところもあるけれども、そこには明治期の祇園新地甲部を代表する名妓たちの名が刻まれているはずだ。

向かって左手（北側）には、夏目漱石や谷崎潤一郎がなじんだことで知られる祇園新橋のお茶屋「大友」の磯田多佳――「祇 大友たか」と刻まれている――、あるいは今村春吉《いまむらはるきち》や鈴木《すずき》小三《こさん》らの名がみえるし、右手には武田はなの名もある。後三者は、京舞の名手として知られた松本（井上）佐多が、自身の舞妓時代を回想しつつ、「その頃、祇園新地で、名の通つた芸妓はん」として挙げた人物たち(1)だ。

鈴木小三と武田はなについては拙著でとりあげたように(2)、かつて「山猫（山根子）」と称された、《下河原》の芸妓であった――小三はつねに、はなの地で舞っていたという。明治初期の芸娼妓一覧である『都の花競』（一八七八年）を開くと、「下河原の部（鷲尾町）」の芸妓のなかに、武田はなの名を見いだすことができる(3)。このとき、二二歳。

他方、明治一七（一八八四）年二月に《祇園新地》の妓籍に入った鈴木小三は、《下河原》の芸妓であった鈴木小里の妹であった。再び『都の花競』をみると、武田はなと同様、「下河原の部（鷲尾町）」の舞妓として小里の名がみえている（一一歳）。小三の実母である里も山猫であったといい、明治二年、小三は里と（初代の滋賀県令として知られる）松田道行とのあいだに生まれた(4)。

疫神社から南側へまわってゆくと、八坂神社の正面にある南楼門、そして鳥居へと出ることができる。鳥居前から南へ、八坂の塔の方向にまっすぐのびる道、それが下河原通だ。この街路から高台寺にかけての一帯が通称《下河原》で、もとは《真葛ケ原》の一部であったともいう。

《下河原》を本拠地とした山猫とは、いったいどのような芸妓衆であったのだろうか？

（二）初世井上八千代との関わり

幕末・維新の動乱後、衰退した京都にあって、山猫と称された《下河原》の芸妓衆が、その存在を世間に知らしめたイヴェントがある。それは、明治五（一八七二）年、京都博覧会の余興として行なわれた付《つけ》博覧会で、《祇園》の都踊、《先斗町》の鴨川踊、《宮川町》の宮川踊などとともに披露された、《下河原》の東山名所踊であった。

八坂下河原モ亦タ歌妓ノ一狭斜タリ、所謂東山妓、通称山根子ニシテ技藝ノ精妙歌舞ノ巧捷ナルコト、祇園新地ニ優劣ナシ、此輩亦相結託シテ三月二十日ヨリ安井門前平野屋席ニ於テ東山名所踊ヲ興行ス、其装置、其舞踏、都踊ト相類シ其繁賑亦都踊ト頡頏ス(5)

精妙な技芸、そして巧捷《こうしょう》な歌舞は、《祇園新地》とくらべても優劣がないといわれるほど、《下河原》の山猫は芸に秀でていた。また演舞の際の「装置」ばかりでなく、舞踊そのものも都踊と似通っていたという。その背景には、初世井上八千代（一七六七－一八五四）の存在があったのかもしれない。(6)

というのも、初世が「何とかして自分の舞を拡めんものと寝食を忘れんばかりに心を砕いた結果…〔略〕…祇園下河原を本拠とし、円山、霊山の諸楼に働いてゐる山根子（原名山芸子）の一団を我田に取入れ」ることを思い立ち、「遂に山根子一派の殆んど全部に井上流の舞を教授する」ことに成功していたからである。「初代八千代が初めて芸妓を弟子に取り井上流の舞をその仲間に教授したのは実にこれが嚆矢」であった。(7)

井上流の舞を習得した山猫たちの噂は、またたくまにひろがった。「高尚にして優艶な珍らしい舞振であるとの評判市井に高く、この舞振を見物せん為めわざ〳〵下河原、偖《さて》は円山、霊山等の諸楼に宴を催すもの続出し、ます〳〵この方面の繁昌を見るに至つた」という。(8)幕末における京都の宴席は、東山の《円山》・《下河原》・《霊山《りょうぜん》》に展開し、維新へと向かう動乱期に入洛した志士たちを迎える場となってゆく。

この動乱期を挟んで、付博覧会の表舞台に立ったのが《下河原》の山猫である。都踊の創始にたずさわるのは三世の井上八千代であるものの、初世のながれを汲む山猫の「東山名所踊」が、高いレヴェルで都踊と「相類」したのは、以上のような背景があったからではなかろうか。

とはいえ、都踊や鴨川踊が現在にいたるまで受け継がれてきた一方、東山名所踊は「山根子と共に其の名実」を失う。(9)この盛衰を簡潔に物語る案内記を引用しておこう。

> 「下河原の山根子」　維新前迄は彼の下河原に山根子と謂ひなしたる歌妓ありて諸藩士の多く入京したる際には杯盤の間に周旋したるもの多く、其以前より舞の会とて此の地の歌妓に絃歌舞曲に堪能なるもの多かりしか、冬枯の霜時にも胡蝶の舞などありて京名物の一なりしが祇園町の繁盛するに連れみな茲へ移りて今は其影だになし、去れば祇園老妓の中には山根子なりし人もあらん。(10)

武田はならが山猫としてではなく、祇園新地の名妓として知られたということ——それはとりもなおさず、《下河原》が「名実とも」に消滅した、あるいは祇園新地が繁盛するのにあわせて、《祇園》の妓として活躍するようになったからなのであった。

（三）山猫の館

花街としての《下河原》に関しては、『京都坊目誌』で次のように説明されている。

下河原　下河原。鷲尾。上弁天。月見の四町を区域と為し公許せらる。始め慶長十年従一位豊臣夫人高台寺中に（円徳院の北鷲尾町より入る）館旧を構へ居住す。時に舞藝のものを召し演藝せしむ。是に於て藝者此付近に来集す。寛永元年夫人薨す。爾来一般公衆の招に応し。纏頭を得るを以て一の営業者となる。之を町藝者と称す。（茶立女に非ず）。然れ共旧風を存し。品格の正しき他に類を見す。後ち円山其他の諸楼より招かれ酒席に侍す。之より山根子（俗称なり）〔と〕呼ぶ。(11)

北政所の館に舞妓や芸妓が出入りしていたこと、北政所が亡くなったあとは「一般公衆」の招きに応じて芸を披露し、纏頭（てんとう／はな）——すなわち祝儀であり、のちの花代にも通ずる言葉である——をもって生計をたてていたこと、出先となったのは《円山》その他の諸楼の宴席であったことなど、伝説の域を出ないとはいえ、興味ぶかい指摘がならぶ。[12]「その他の諸楼」には、当然、《下河原》それ自体、そして《霊山》などがふくまれるであろう。

だが、山猫の末裔をめぐる語りからは、《下河原》の意外な側面、あるいは京都の宴席文化を支える制度の根源が浮かび上がってくる。[13]たとえば、祇園新地甲部の歴史にその名を残す鈴木小三については、《下河原》の鷲尾町に位置した「大和屋」の内娘だと語られている。大和屋とは、多くの山猫を抱える、《下河原》でも「屈指の館」であり、「山根子の総本家」ないし「山根子の元祖」などとも称される中心的存在であった。鷲尾町は、高台寺の境内に隣接する、北政所ゆかりの地であるのだが、大和屋はなぜか北政所ではなく、「前田侯に仕へた白拍子の流れ」を汲むとされる。

また、武田はならは、「梶の家の小豊といふ山根子の妹分」であった。梶の家とは、五箇条の御誓文を起草したことで知られる福岡孝弟《ふくおかたかちか》の未亡人が、山根子時代にいた館である。さらに、やはり山猫であった宇野小住《うのこすみ》は、産寧坂《さんねいざか》にある明保野《あけぼの》の出身（娘）であるという。明保野は、木戸孝允や久坂玄瑞らが集会したことで知られる、席貸を兼ねた料理屋だ。[14]たしかに、明治一〇（一八七七）年の『京都名勝巡覧記』の「割烹店《りょうりや》」には、「産寧坂　明ぼの」とあり、『都の花競』の「下河原の部」上弁天町には、「曙　小すみ」（当時一九歳）と記されている。

由緒はともかく、これらの語りが示しているのは、特定の「館」が拠点となって、山猫（山根子）を《霊山》や《円山》の諸楼——すなわち、料理屋に転じて席貸を兼ねた塔頭《たっちゅう》——に派遣するという、宴席文化を支える制度の存在である。花街をある種の派遣産業の空間として捉えるならば、山猫をそのプロトタイプと考えることもできるだろうか。

二　《真葛ケ原》の配膳

（一）残された謎――「配膳」をめぐる再論

ここまで参照してきた『都の花競』に、ひとつ奇妙な点があることについては、拙著『京の花街ものがたり』のなかでも指摘しておいた。それは、「下河原の部」に「通名　配膳《やまねこ》」と記されていることだ。「配膳」を「やまねこ」と読むことなど、およそありえないだろう。けれども、『都の花競』には、たしかにそう書かれている（図4－1）。なにゆえ、「やまねこ／配膳」なのだろうか。

一般に「食事の膳を客の前に配る」ことを意味する配膳は、京都では特定の職種を指す名詞として使われている。

京都だけにしかない職業に配膳というのがある。色紋付に袴をつけて宴席の配膳にあたる。原則として男性である。

配膳についての文献を探しているが、いっこうに見あたらない。ひょっとすると、明治以後の

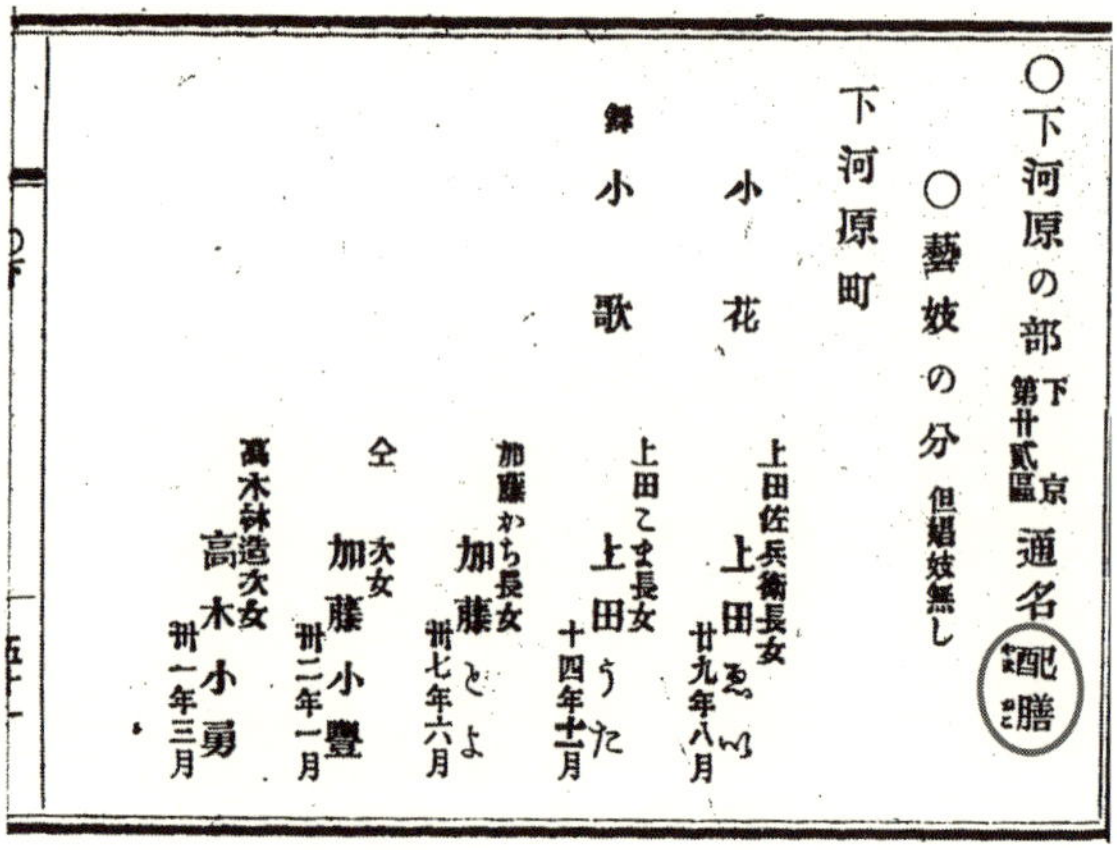

図4－1 『都の花競』に記された「配膳（やまねこ）」

ものかもしれないが、食生活に関連した珍しい職業ゆえ、ここに付記する。…〔略〕…

宴席といっても、昔は結婚式が主で、そのほか講仲間の寄合や法事（ことに寺院で行なわれる折）にも働いた。家元の茶事に侍る者もいる。下足番、荷物預りなどは初心者で、慣れれば台所から座敷に出て膳を配り、皿、椀のお替えもする。酒の酌はしない。これは芸妓の役だ。(15)

宴席の配膳を司る男性職能者たち――歌舞に秀でた女性芸能者である山猫とは、似ても似つかない。配膳に関する文献はたしかに少ないものの、明治三〇（一八九七）年の『風俗画報』には、たいへん重要な記事が掲載されているので、ここに紹介しておこう。

配膳とは、東山真葛ケ原辺に四五十人も住居て、給仕を専門として生計を立てり、これには入方《いれかた》といふ元締の指図を経て、翌《あす》は誰々は何許《いづこ》と客の人数に拠りて、円山始め、諸方の料亭へ給仕に往きぬ、扮装《いでたち》は、概ね夏季は黄平紋付の帷衣《かたびら》葛織の平袴、冬季はお納戸木綿紋付の布子に桟留織の平袴を着して配膳す（羽織と足袋は無礼なりとて用ひず）名前は治郎作、八兵衛抔といふ、淡泊なる呼ひ易き名を殊更に用ひ、座敷の事は引搆《ひつかま》へて気軽に立働き、多少挿花俳句などの心得もあり、礼舞仕舞も所望に応じぬ、兎角は花街の幇間などより稍や雅味ありて面白き心地す⒃。

当時もまた「給仕を専門として生計を立て」る男性たち、それが配膳であった。注目すべきは、彼らの住まい、そして出先となる料亭その他の所在地である。なぜなら、彼らの住まう《真葛ケ原》は山猫の本拠地である《下河原》と隣接し――あるいは鷲尾町と《下河原》の一部が《真葛ケ原》にふくまれることから、重なっているともいえなくはない――、その出先となる《円山》の料亭（塔頭に由来する席貸）もまた共通しているからだ。

《円山》や《霊山》で催される宴席に花を添えたのが山猫であるならば、その「宴席を陰で支える⒄」のが配膳であった。このように考えると、『都の花競』に記された「配膳／やまねこ」は、たんなる偶然の節合とは思えなくなってくる。拠点も、その出先も同じくする《下河原》の山猫（女性芸能者）と《真葛ケ原》の配膳（男性職能者）は、洛東の宴席文化を表裏一体となって支えていたのだ。ジェンダー分業された派遣型文化産業のありようは、京都の文化史をめぐる新たな問いへ開かれた窓となるのではあるまいか。

（二）配膳から雇仲居へ

山猫が「京名物」のひとつに数えられたのと同様、配膳もまた京名物とされた。先ほどの『風俗画報』から三五年後、地元の雑誌に掲載された昭和初年の記事を引用しておこう。

……「男配膳」は京名物の一である、而も祇園辺には円山会なる「男配膳」の集会所がある、其処には一廉の男配膳が数十名居る〔。〕夫が日夜繁昌し、冠婚葬祭は言ふまでもなく何かの場合にも「男配膳」の手を借らなければ万事不都合と言はる丶位、今日では「男配膳」の必要を一般に感ぜられて居る、其は実際「男配膳」の陰陽のない働き振を各需要家に認められてゐるからである。(18)

昭和初年の段階でも、配膳の拠点は《真葛ケ原》付近にあったようだ。祇園周辺の「円山会」という名が、おのずとそれを物語る。しかも、組織と施設が明確に整備されていた。だが、山猫が姿を消して久しいことも影響しているのであろうか、限られた記述ながらも変化が認められるのは、彼らの出先である。すなわち、《円山》・《霊山》の諸楼で催される宴席ではなく、冠婚葬祭をはじめとする諸事に出向いたようで、派遣先が鴨川を越えた市街地へとひろがっている可能性も高い。

活躍の場も、そして空間もひろがりをみせているわけだが、同じ年の別の記事には、まったく異なる状況が指摘されていた。

……京都には「配膳」と云ふ男の職業があつて、紬の紋付に嘉平次袴をつけて、文字通り配膳方をつとめる仕事があつたが、その後大正の初期から何々倶楽部と称する雇女屋が出来て、東京の不見転《みずてん》芸妓位の処で、宿屋へも行けば料理屋へも行く、旅行のお供から、素人座敷へも行くと云ふ風に発展につとめ営業区域も何もなく、自由に活動が出来て、エロの方も極めて簡単に発展したゝめ、一時にその数を増し、今では全京都市中で千名以上も出来たので、料理屋もお客も、安い宴会などは此の雇い女で十分間に合ひ、お色気のとぼしい「配膳」の用は段々なくなつて来た(19)。

これは、戦前の花柳界に精通していた三宅孤軒による、東西花街比較論のなかで言及された配膳の説明である。「雇い女」は、雇仲居とみて間違いあるまい。雇仲居とそれを派遣する倶楽部の登場によって、配膳が宴席の舞台から締め出されたというのだ。すると、その活路が一般の「冠婚葬祭」などに求められた、という解釈も成り立つ。

では、その雇仲居はどのように登場してきたのだろうか？

三　席貸街の雇仲居

（一）雇仲居倶楽部の成立

席貸に逗留して花街の文化に耽溺した長田幹彦に、「京都に於ける売笑制度」という短いエッセーがある。その文末で彼は、次のように述べていた。

京都の売笑制度については、もつともつと詳しく書いてみたい。これは社会文化史の或部分を含む可き価値のあるものであつて、今調べて書き残して置かなければ、時代が押し消していつてしまふのである。再び生れて来る形でないだけに、惜しい気がする。いづれ隙《ひま》をみて、ゆつくり書かうと思つてゐる。拙著『祇園夜話』の如きは、唯美しい詠嘆詩たるに止るからである。(20)

自身の代表作を批判してまで書きたかったという「京都の売笑制度」。以後、彼がこの問題関心に立ち返った形跡は見当たらず、実際にはこれが最初で最後となったようだ。この文章のなかで幹彦は、「最近は京都でも私娼の制度が非常に発達して来た」とし、その例を次のように挙げている。

一番広く行はれてゐるのは、例の「やとな」である。木屋町、下河原等の小意気な貸し席へいつてみると、素人風をしたさうした女が出たり入つたりしてゐる。中には随分美しい女もゐる。京都のやうに藝娼妓の面倒なところでは、かうした階級の女の発達は已むを得ないことであらう。手軽で安くつて、而も痒い、ところへ手の届くやうな遊ばせ方が、便宜をのみ追ふ今の人にはシツクリ合ふのであらう。[21]

これは大正一五（一九二六）年の雑誌記事であり、同じ年の地元誌には、「京都市内に雇仲居がドシドシ殖えて来た、而して雇仲居を雇ふ人が段々多くなつて来た、つまり雇仲居全盛期とでもいふべきであらうか」と指摘されているので、実際に全盛期であったかどうかはともかく、大正後期の京都において、すでに「雇仲居」は定着していたものとみてよい[22]。

昭和戦前期の辞書を引くと、「ヤトナ　雇女」の項目には、「芸者ではないが、料理屋等に雇はれ時間制で客の相手をする職業婦人。やとなを供給・周旋する所をやとな倶楽部といふ」とあるので、都市部を中心に、女性の職業として一般に認識されていたとも考えられる[23]。「やとな（雇女）」とは、正確には「雇仲居《やとな》」と書き、「酌婦」の鑑札によって料理屋や「席貸」で接客をする、女性に特化した臨時雇用の職種であった。

京都の雇仲居に関する実態を把握することはなかなかに難しいのだが、たとえば昭和三（一九二八）年八月の統計「京都市八遊廓と雇仲居の成績」[24]をみると、雇仲居の置屋（＝倶楽部）が四七件、それらに所属する雇仲居が計四四三名となっている。芸娼妓の数と比べると、《先斗町》などに匹敵する規模だ。
大阪や神戸に遅れるかたちで、京都に初めて雇仲居倶楽部が組織されたのは、大正四（一九一五）年秋のことであった。倶楽部は四条高倉西入ルに立地している。[25] 市街地の中心部である。

そのときの宣伝文句をひろってみると、京都初の試みとして、理想的な雇仲居、すなわち「高等仲居」の供給業を開業するものであり、雇仲居には礼式・謡曲・茶道・音曲などを教習させたうえで、各種の園遊会・婚礼・宴会（歓送迎会、忘年会・新年会など大小を問わず）、家庭における来客時の小宴に派遣するとしていた。費用は、（雪と月がひっくりかえって）衣装別の「月雪花」という設定で、高い方から順に「月（儀式用絹布紋付き）」、「雪（絹布縞物）」、「花（秩父縞物）」と区別されている。[26]

（二）《下河原》の変容

おそらくは、これが先駆となり、大正期を通じて同業者が市街地のあちらこちらに立地展開していったのだろう（図4-2）。注目すべきは、長田幹彦が「木屋町、下河原等の小意気な貸し席へいつてみると、素人風をしたさうした女が出たり入つたりしてゐる」と、場所を限定しながら説明していることである。文中の「小意気な貸し席」とは、もちろん「席貸」であり、そこに出入りする「素人風」の女性、それが「雇仲居」であった。

前節までみてきたとおり、幕末・維新期までの《下河原》は、山猫と呼ばれた歌妓たちの活躍する特異な花街であった。ところが、「今は席貸ばかりになつてゐる」というように、[27] 近松秋江の作品舞

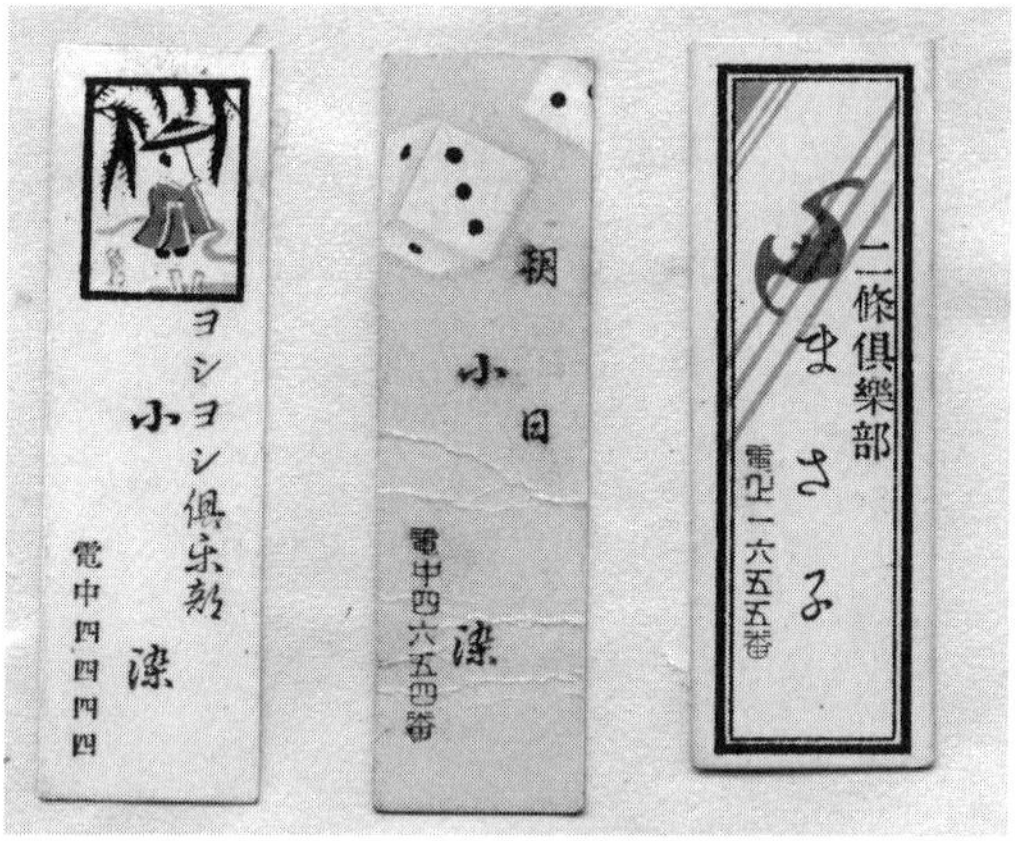

図４－２　雇仲居の花名刺

台ともなった大正中期には、席貸街へと転じていた。さらに、「〔円山〕公園の南方は下河原で清洒なまた小意気な旅館が並んでゐて、雇仲店《ママ》の出入が頻繁である」と紹介されるごとく[28]、《下河原》の「小意気な旅館」すなわち席貸は、雇仲居の出先ともなっていたのである。

第二章でも登場した佐々木八重の言葉を再び引いておこう。

> 近ごろはこの辺で雇仲居はんが発展してはる話は聞いてますすけど、さあどうどつしやろかな……あてらまだ若いよつて山猫ちゆうた時代の話は知りまへんが、どうも昔から旦那はんの遊ばはる土地柄に出けてるらしおすな。東京の偉いお方が京に来やはつたら大がい一ぺんは下河原へ見えますさかい。下河原も都の名物になつたといふもんどす[29]。

《下河原》も京都の「名物」になった――祇園花街出

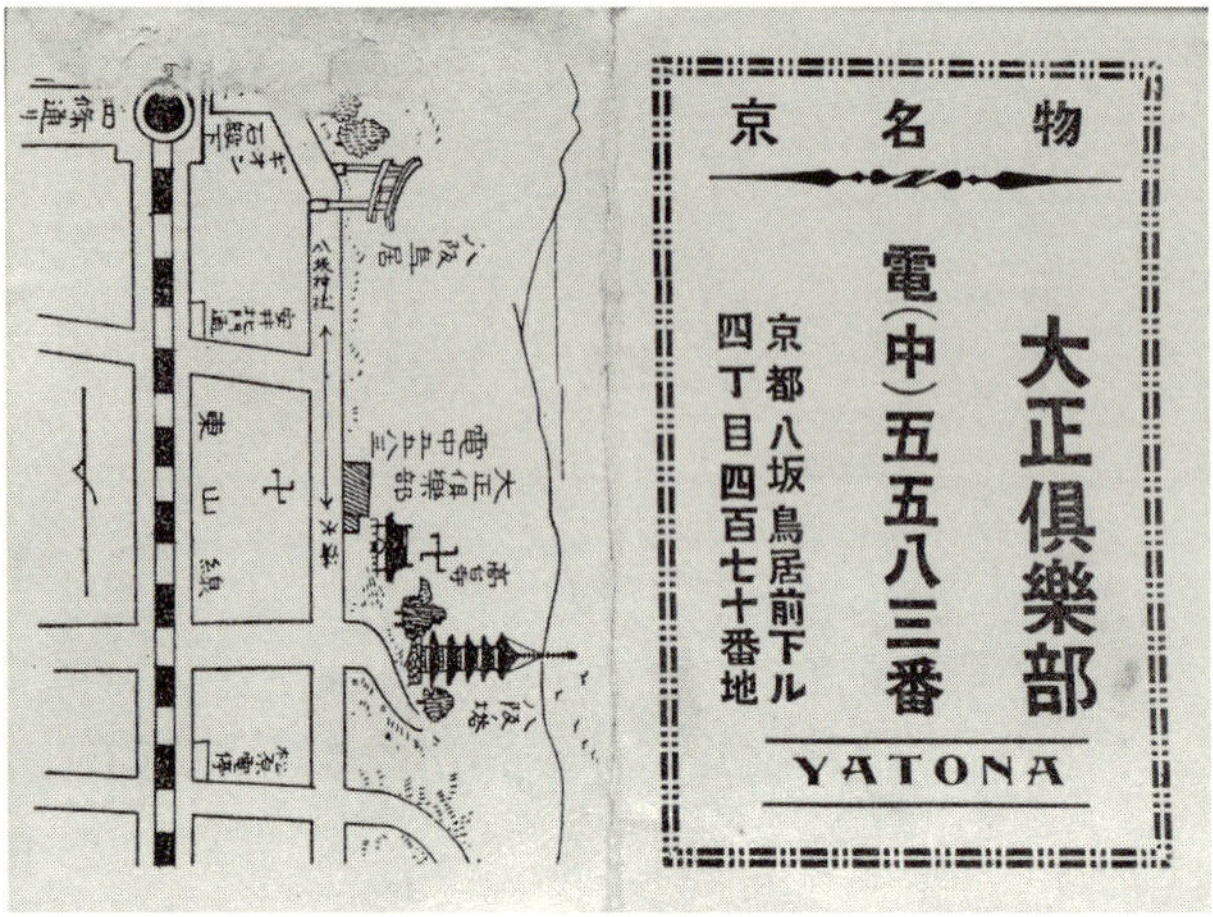

図4－3　大正倶楽部のカード

身の元芸妓・萬龍はそう語る。

その《下河原》を出先とするばかりか、拠点化していったのが雇仲居倶楽部であった。図4－3は、「八坂鳥居前下ル」に立地した「大正倶楽部」のカードである――裏面は所属する雇仲居の一覧になっている。高台寺からもほどちかい。鳥居前の通り、それは本章の冒頭で確認したように、下河原通にほかならない。「ＹＡＴＯＮＡ」というローマ字表記から、これが雇仲居倶楽部であることも間違いあるまい。しかも、上部には「京名物」とある。席貸と雇仲居とがあいまって、《下河原》を京都の(隠れた?)名物としていたのだろうか……。山猫も配膳も、名物であったのだ。

(三)　戦後の《下河原》

小説家の舟橋聖一は、「京舞妓・だらりの帯」という京花街の探訪記のなかで、「芸妓ともつかず、娼妓ともつかず、又、女中でもない特別な存在である「やとな」を見に行」った様子を描いている。

「やとな」には、「やとなクラブ」があつて、そこが共同の置屋である。安井、下河原、上下の木屋町などに散在するので、廓というまとまりはない。発生当時は臨時雇の仲居という意味で、冠婚葬祭や園遊会などの行事に、頼まれて手伝いに行つたのが起りらしい。それが段々に、娼婦をも兼ねることになり、現在では自ら「新妍芸妓」などと称しているから、芸妓に代つてお酌はむろん、三味線をひくのもあれば、唄をうたうのもあり、枕席も勤める(30)。

彼は廓ほどのまとまりはない、というのだが、戦前と同様、ここに挙げられたのは、いずれも席貸の集積地ばかりだ。織田作之助は小説「それでも私は行く」のなかで、昭和二〇年代初頭の主として木屋町の雇仲居を描いたが(31)、ここではその時代に特有のかるい情痴小説である「下河原界隈」をとりあげてみたい(32)。

大学を出て劇団の演出家となった主人公の相田浩一は、五年ぶりにやって来た京都で、学生時代の友人である加藤と再会する。「縄手通りの疎水に望んだ宿」に投宿した相田が、その加藤に電話で呼び出されてタクシーで向かったのは、「八阪神社の前を右に、清水の方へ折れて、直ぐに高台寺の通りへ」出たところにある座敷であった。加藤は《下河原》の席貸に一席設けていたのだ。

すでに酔いがまわっているらしい加藤は、「芸妓なんぞは暑苦しゅて叶わん。だが、酒の席に女の居らんのは、気のぬけたビールみたいなもんや。雇女《やとな》はんでも聘《よん》でんか」、と相田を前に店のものに告げる。学生時代にかえったかのように、二人は談笑に花を咲かせ、友達の噂を肴に杯をかさねてゆく。すると、「今晩は、お、きに……」と言って、「雇女という芸者でもない酌婦でもない女達」が次々に座敷へとあらわれ、酒の相手をしはじめた。

二人は、

「雇女さんも復活したんだね」

「そりゃ当然だ。美人揃いだろう」


などと言葉を交わす。

そこへ、一人の女性がそっと音もなく入ってくる。その顔をみた相田は、一瞬、目を見開いた——劇団の巡業で初めて京都を訪れた五年前、同じ劇団で関係をもった女優、礼子だったのである。とある事情で劇団をやめた礼子は、そのまま京都に残り、雇仲居をしていたのだ。

ストーリーはあまりに安直で、その後、二人に気を利かせた加藤が、「よし、邪魔はせんぞ。電話しといてやるから、黙つて行け。旧交を温めるんだな、はッはッはッ」と言って二人を送り出す。その行き先もまた、席貸なのであった（いささか酒に酔った相田は場所を認識していない）。翌朝、タクシーの窓から相田が目にする光景を描写して、この小説は終わる——「電車の停留所の標識で、銀閣寺だと知った」。

内容的には、小説になるほどの痴話とはとうてい思えないのだが、いずれにしても作者は、《下河原》と銀閣寺付近が席貸街であることを知っており、そこに雇仲居をからませるあたり、おそらく当時の京都の宴席事情に詳しかったのだろう。

この小説の光景から一〇年とたたないうちに、《下河原》はまた新たな転機をむかえる。それは、売春防止法の施行にともなう雇仲居の衰退、そして粋といわれた席貸の変容と軌を一にするものであった。

……わたしの住居は下河原の高台寺近傍にあり、あの近くのすさまじい変りようには驚くばかりだ。高台寺の北門から真葛を抜け、雙林寺（境内）から西大谷、円山、知恩院に至るまでは、古都の道の美しさを、昔のままに残している場所なのに不風流な鉄筋造りが目立ち初めている。京都の粋な町通りとされていた下河原に、見るから安手な温泉マークに変って行く有様は何ともいいようがない(33)。

川口松太郎が嘆息した《下河原》と同様、いやもっと劇的な変化は、同じ席貸街である《安井》も経験するところとなるだろう（第十章）。

四　変転する宴席文化

京都には、関東方面にはない変った名前の芸者ともつかない怪しげな芸者が現存している。即ち、雇仲居、配膳等であるが、配膳は現在では「男配膳」と「女配膳」に分れ、男は紋服に袴といったいでたちで、祝儀、不祝儀の宴会にはつきものであるし、女の方も宴席で興にのれば歌もうたうといったこともやってのける。しかし、この社会では一応芸者、雇仲居、配膳の順で取り扱われている。[34]

ここには、宴席にまつわる京都独特の職種と序列が指摘されている。これまでみてきた、芸妓、雇仲居、配膳である。戦後、女配膳が存在したかは寡聞にして知らないが[35]、はたしてこれら芸能者・職能者をこのように序列化できるものなのだろうか。

《下河原》の宴席に花を添えたのは、山猫と称された芸妓たちである。表に裏に宴席を支える配膳も、おそらく同じ空間を共有していたことだろう。近代花街の成立に随伴して山猫たちが祇園花街へと転身する一方、配膳たちはその活躍の場と空間をおしひろげていった。その配膳の役割を、そして時には花街を圧迫したのが雇仲居である――舟橋聖一の説明は、この両者の職能性とおおいに関わっていたはずだ。

宴席の主舞台から遠ざかった《下河原》は、花街と機能連関する空間、すなわち席貸の建ち並ぶ街区へと変じ、伝説化する山猫と入れ替わるように、こんどはそこに雇仲居が進出してくる。戦後、雇仲居も少しずつ舞台表を去り、取り残された席貸は「温泉マーク」（連れ込み宿）へと転用されていった。

川口松太郎の嘆きを理解できないわけではないけれども、移ろう風景のなかに刻まれた場所の記憶は、またいつの日かひょっこり顔をのぞかせることもあるかもしれない。

第五章　廓の景観と祭礼

――《島原》の太夫道中をめぐって

一　大門と見返り柳と

（一）花屋町通を歩く

大宮通のバス停「島原口」から、西本願寺を背にして西へまっすぐに延びる商店街（花屋町通）を進む。バス停（旧電停）名は、文字通り旧花街《島原》への入り口を示す名称であり、商店街は廓へのアプローチでもあるわけだ――旧金津遊廓（岐阜市）の門前商店街として発展した柳ケ瀬が想起される。

図５－１　《島原》の大門と見返り柳

通りには、見事に連なる町家、角地のタバコ屋さんの上部は三階建て、和菓子屋、食堂、料理屋などが点在し、遊歩する者を飽きさせない。以前は裏通りに大きな銭湯があったはずだ。壬生川《みぶかわ》通の交差点周辺では、気になる建築や飲食店が視界に入るけれども、歩みをとめずにそのまま進むと、なぜか突き当たりは遠見遮断のような鍵型の街路となる。そこを少し南西側に折れれば、まるで寺の山門のような門と柳が目に飛び込んでくるだろう。名にし追う《島原》の大門と見返り柳である（図５－１）。

かつて遊客を「行こか戻ろか」と心迷わせた思案橋は、いまはもうない。見返り柳は、その名のごとく、《島原》に遊んだ客が帰り際にかえりみる柳なのであった。門を入ると、旧廓内の街路は石畳風に舗装され、各所に歴史を伝える銘板が建つ。歌舞練場は取り壊されて久しいものの、揚屋として知られる角屋《すみや》、そして置屋の輪違屋《わちがいや》などが現存することで、歴史小説に描かれた舞台を幻想する空間装置には事欠かない。

時には西側の島原住吉神社の玉垣などを眺めつつ、アプローチしてみるのもよいだろう。景観や建造環境の有形性ないし物質性は、わたしたちの歴史的想像力をぞんぶんに押しひろげてくれる。しかしながら本章では、なかば無形のものに目を向け、《島原》の歴史空間を探訪してみたい。

（二）廓内の年中行事

「我国遊廓といふ名のつく最初の所」とされる《島原》[1]は、その歴史と有名性において、祇園町とともに京都の双璧をなす遊所であった。廓としては最古の歴史を有する街だけに、折々の行事も多彩であったが、たとえば廓内随一の揚屋である角屋の「もちつき」などは、その一例である。

> 此角屋には大昔から年々歳々年中行事として十二月二十五日に餅搗をされてゐる、年末の餅搗は珍しくないが、流石廓内第一を誇る角屋の餅搗は囃鳴物入りで頗る賑はしい、台所を入つた庭に臼を据へ、その広い台所の隅に赤毛氈を敷き、こゝに三味線その前に大太鼓、締太鼓、小鼓などの囃方並び立方一人二人変りつこに出て勅題のお座付を最初に「万歳」「十二月」「梅の春」「廓の壽」「梅の栄」「末広狩」「としま」「桜見よとて」「梅にも春」等々引きりなしに此廓の芸妓連によつて囃し唄ふ、それも普段のまゝと余りお化粧もしてゐない、その内に此廓の名物たる太夫衆も座敷着の姿で五六人顕はれて陪席をする…〔略〕…[2]

これは、田中緑紅《たなかりょっこう》の『京の伝説なんやかんや』に描かれた、「角屋の餅搗」の光景である。昭和三〇年代なかばに東京出身の花街研究者である加藤藤吉が撮影した図5-2には、もち米を炊く竈から湯気がもくもくとあがり、後姿ながら三名の太夫が居並んでいる。やや振り向き気味の禿《かむろ》、そして杵を振り上げる男衆も写り込んでいる。昭和三四（一九五九）年には、フジテレビで生中継されるほどの注目を集めたようだ。

《島原》の数ある年中行事のなかで、最大のイヴェントとなるのが「太夫道中」であった。高浜虚子は、歳時記のなかで次のように説明する。

「島原太夫道中《しまばらたいふのだうちゆう》」四月二十一日、京都島原遊廓の太夫が綺羅を飾り八文字を踏んで廓内の練つて行く行事である。花車や花籠の車を童女が曳くあとを、盛装を凝らした太夫が禿・引舟をつれ、三本歯の黒塗の下駄を穿いて悠々と練り歩く。男衆がうしろから大きな傘をさしかけて行くのであつて、最終のものは傘止太夫といつて、太夫中の名妓がなる掟である。当日は早くから大門を鎖すが、群集は廓内に満ちて居る。(3)

江馬務『日本歳事史 京都の部』によると、(4)太夫道中は「花寄の遺風」とされ、寛永期(一六二四-一六四四年)に成立したという。その後は永らく中絶し、「再興」されるのは明治期のことであった。

図５－２　「角屋の餅搗」二景（加藤藤吉撮影）

二 《島原》の盛衰と太夫道中

（一） 廓の起源

太夫道中が寛永期に成立したということは、まさに《島原》の草創とともにはじまったことになる。京都の花街史は、二条柳町の設置にはじまり、六条柳町を経て、最終的に西新屋敷へといたる傾城町《けいせいまち》の制度化に、その出発点を求めることができる。《島原》の起源というべき二条柳町が、洛中に分散していた「傾城屋」を空間的に集約して成立したのが天正一七（一五八九）年であり、市街地の西郊に「西新屋敷」として《島原》が成立するのは、寛永一七（一六四〇）年のことであった。

以後、明治初年に至るまで、公権力によって許可された傾城町は《島原》ただひとつで（《祇園》をはじめとするほかの花街は、「茶屋株」を配分することで許認可された茶屋街ということになる）、その正統性／正当性は公には侵害されることなく保持されつづけた。

江戸期を通じて次々と新地が開発され、諸種の茶屋営業を許された街区が誕生するなかで、それらでは奔放な営業が常態化する。しかしながら、創始以来唯一の傾城町である《島原》は「遊妓御免の地」であるのに対し、その他の茶屋街では「遊里の所作」がなされることなどもってのほかであった。各遊所は営業停止を含む、厳しい取り締まりを繰り返し受けるのである。とはいえ、一八世紀後半になると、市街地のあちらこちらで茶屋・旅籠屋・煮売屋・貸座敷・料理茶屋などの株をもって営業している店舗が、妓まがいの複数の女性を抱え置き、西新屋敷――すなわち、傾城町たる《島原》――を圧迫するようになった。

文化年間（一八〇四－一八一八年）には《島原》の衰退が目にみえて明らかとなり、祇園町の周辺へ移転（出稼ぎ）する業者さえあらわれるようになる。享和二（一八〇二）年に上方へと旅した曲亭（滝沢）馬琴が、「島原の廓、今は大におとろへて、曲輪の土屛なども壊れ倒れ、揚屋町の外は家もちまたも甚だきたなし」と記し(5)、また「島原も是切にて、古しの繁華にも容易には立帰るましくをもるゝ也」とさえいわれほどであった(6)。

「島原も是切」という予測は、半分は当たり、半分は外れることになる。たしかに、古の繁華に立ち返ることは容易でなかった。けれども、明治中期以降、《島原》はがぜん再興の途をあゆみはじめるのだ。

(二) 明治のまちづくり

《島原》の衰退傾向は、明治二〇年代までつづいた。それを打破する端緒を切り開いたのは、まるで現在の〈まちづくり〉を先取りするかのような、「修景」の取り組みであった。その第一着となったのが、由緒ある柳の保全である。

「出口柳と思案橋」　京都島原遊廓なる出口の柳ハ寛永年中同遊廓の初めて設置されし頃其東大門

口に柳樹を植ゑ之を出口の柳とて同廓名所の一に加へられ柳色青々今猶依然として存し居るが近年に至り樹老て朽腐し僅に根の辺より稚柳の二三出で居るのみなるを以て仝地の営業者ハ斯かる名物を失ふを遺憾とし仝廓輪違ひ屋の庭園にある柳の老樹を移し植ゑて出口の柳の後を嗣がせることに決したりと／又仝所より大宮に達する所に架設しある之れも有名なる思案橋ハ近時いたく破損せしを以て修繕して旧形に復せんとて工事中なりと(7)

出口の柳の保全、そして思案橋の修繕は、まさに「修景」を実践したものと位置づけられるだろう。そして、《島原》においては柳以上に重要かもしれないイヴェントの復活もまた、この街の復興を後押しすることになる。

すなわち、同じ明治二六（一八九三）年四月、花の時期にあわせて太夫道中を「旧式」にもとづき実施したのである。その結果、月末には「島原遊廓の繁昌」という見出しで、「……島原遊廓ハ本月廿二日太夫道中を行ひしより以来ハ毎日遊客は引きも切らず太夫芸妓ハ昼間より品切れの姿」と報じられるほどに、活況を呈した(8)。

実のところ、「旧式」で再興されたこの太夫道中を、おそらくはそれと意識することなく見学していた人物がいる。それは、季題に「島原太夫道中」を選んだ、高浜虚子その人である(9)。

彼が最初に道中を見物したのは、まだ「高等学校の帽子」をかぶっていた時分の明治二六（一八九三）年のことで、そのころの《島原》は「……さびれてゐて、すぐ裏は蛙の鳴いてゐる田圃」であった——当時の地形図をみると、たしかに水田に囲まれている。また、道中それ自体も「見物人も余り大勢で無く、何だか淋しいものであつたやうに記憶している」、と記す。

いささか記憶が曖昧なようであるが、当日の新聞記事があるので採録しておきたい。

「島原太夫の道中」　京都島原遊廓の八重桜ハ今や満開にて実に天花の繽紛たるが如くなれバ今二十一日ハ東寺弘法大師の賽日と壬生寺の狂言とを当て込み廓内に於て太夫の道中をなすよし其番組ハ第一に花車を曳き出し次に薄雲太夫・清花太夫・金太夫・小太夫・美吉野太夫・初吉太夫・仙太夫・濃紫太夫・尾上太夫・小車太夫・松人太夫・光扇太夫・大井太夫・小町太夫・松鶴太夫等色ある君たち裲襠《うちかけ》姿婀《たを》やかに薫《た》き籠むる伽羅に身を包みて押出す由何れも立派なる衣装を新調し且つ別嬪揃ひの上年に一度の道中なれば同廓ハ近年になき賑ひなるべしといふ(10)

これは当日の記事、つまり予告の記事であり、実際の状況を伝えるものではない。虚子の記憶にしたがうならば、「近年になき賑ひなる」ことはなかったものの、それでも《島原》にとっては画期をなすイヴェントであったはずだ。これを機に、《島原》はその規模を拡大してゆくとともに、太夫道中もまた年中行事として定着するのである。

往古は毎月廿一日に廓中の太夫の道中を行なひしものなれども、今は毎年四月廿一日にのみ之を行ふ、但し新しき太夫の店出しありたる日は何時にても之を行ふことは今も昔に変らず。総道中の順序は造花を以て美しく飾りたる花車を多くの芸妓が異装して手に〳〵扇をかざしながら静かに曳き、其後より太夫は差かけ傘にて二人の禿を先に八文字を踏みつゝ道筋《どうすじ》を揚屋町まで練り歩《あ》行《る》くなり、殿なるを「傘止」といふ、廓内最も全盛の太夫之に与る。(11)

これは、角屋の当主によって編まれた明治期のガイドブック『波娜婀娵女《はなあやめ》』の解説である。かつては月次の行事として行なわれていた道中が毎年四月二一日となったのは、前節でみたように、〈まちづくり〉の文脈のなかで再興されたからであった。「……道中は維新後に再興され四月壬生念仏発願《はじめ》の日に十五六若くは十八九人の太夫が廓中に連歩を運び近来は其服装にも追々美を尽す事となり……」という指摘もあるので、(12)四月の二一日にさだまった背景には、壬生寺との関わりがあったのかもしれない。二一日は東寺の市（弘法さん）も立つことから、桜花の季節、旧市街地南西部の近郊はさぞかしにぎわったことだろう。

（三）大正期のルポルタージュ

大正期《島原》の四月二一日を活写した作品に、水墨画家・漫画家である近藤浩一路《こんどうこういちろ》（一八四四―一九六二）の「島原太夫道中」がある。(13)四月二〇日、急に思い立って夜の八時に東京駅を発った近藤

図5－3　太夫道中の絵葉書

は、翌朝京都に着いて知己のある洋画家・寺松国太郎をたより、太夫道中を見学した。

寺松は角屋に通い詰めて太夫をモデルにした油絵をものしたことがあり、仲居をよく知るうえに、当主とも昵懇の間柄であったことから、角屋を訪れる。道中は午後三時の開始予定であったが、廓内へ通ずる道路は、昼前後から見物客であふれかえっていたという。廓内の街路には有料の桟敷が整えられ、両側に建ち並ぶ揚屋も、表の格子をことごとく取り外し、座敷には緋毛氈を敷き詰め、なじみ客用の席を準備していた。

一行は角屋の門口で案内を請い、「松の間」へと招き入れられる。初訪問の近藤は、角屋の揚屋建築を前に、「現世を超越した古色が隈なく浸潤して雅趣言ふべくもない」、と感嘆したのだった。

屋内をひととおり見学した一行は、午後二時に観覧席に陣取る。大門近くの揚屋を出発して角屋の二、三軒手前まで道中するため（図5－3）、首を伸ばせばかろうじて見える位置にあった。この間、角屋の座敷では、「もとは太夫道中やかて見物にきやはる人もおへんどしたが」、「ほんまに仰山な人やなあ」などという言葉が交わされていたという。

道中当日の廓内は飲食物の売買が禁止されていたため、「番付」を売る者の声しか響くことはなかった。なかには、瓢箪を肩に下げて弁当持参の見物客もいたが、いずれも揚屋にあがることなく、道端で「ロハ見物（只見）」している。

道中は予定通りにはじまったものの、角屋の前に先駆の芸妓十数名が姿をあらわしたのは、一時間もたってからであった。つづいて一〇〇メートル以上の距離をおいて、二人の禿があらわれる。禿に付き添う女性は、大勢の見物客に囲まれた年の端七、八歳の禿が「人酔い」せぬよう、適宜「仁丹」を口に含ませていたのだった。そんな光景も、観客の歓心を買っていたらしい。

禿の後方、夕日を受けて「突として浮き上り、燦として輝き渡」る立ち姿こそ、主役たる太夫である。近藤は、八文字に足を運ぶ太夫の所作を「美妙な静中動」と表現し、とうてい「新吉原の如き俄か道中の比ではない」と絶賛する――ただし、後方から日傘をさしかける男衆が「金縁眼鏡をかけ、近代めきたる」姿であったことから、「聊かぶちこわし」と嘆息もしていた。

太夫のあとには、もう二人の禿がつづき、四人一組で太夫に同行したようだ。殿を務める「傘止め」の太夫には、前後四人ずつの禿が随行した。「最も絢爛を極め」た傘止めの太夫を目の当たりにし、近藤一行は大満足のうちに角屋を後にしている。

いま手元に「島原太夫道中御案内」という大正一五（一九二六）年の番組表（道中の番付）がある

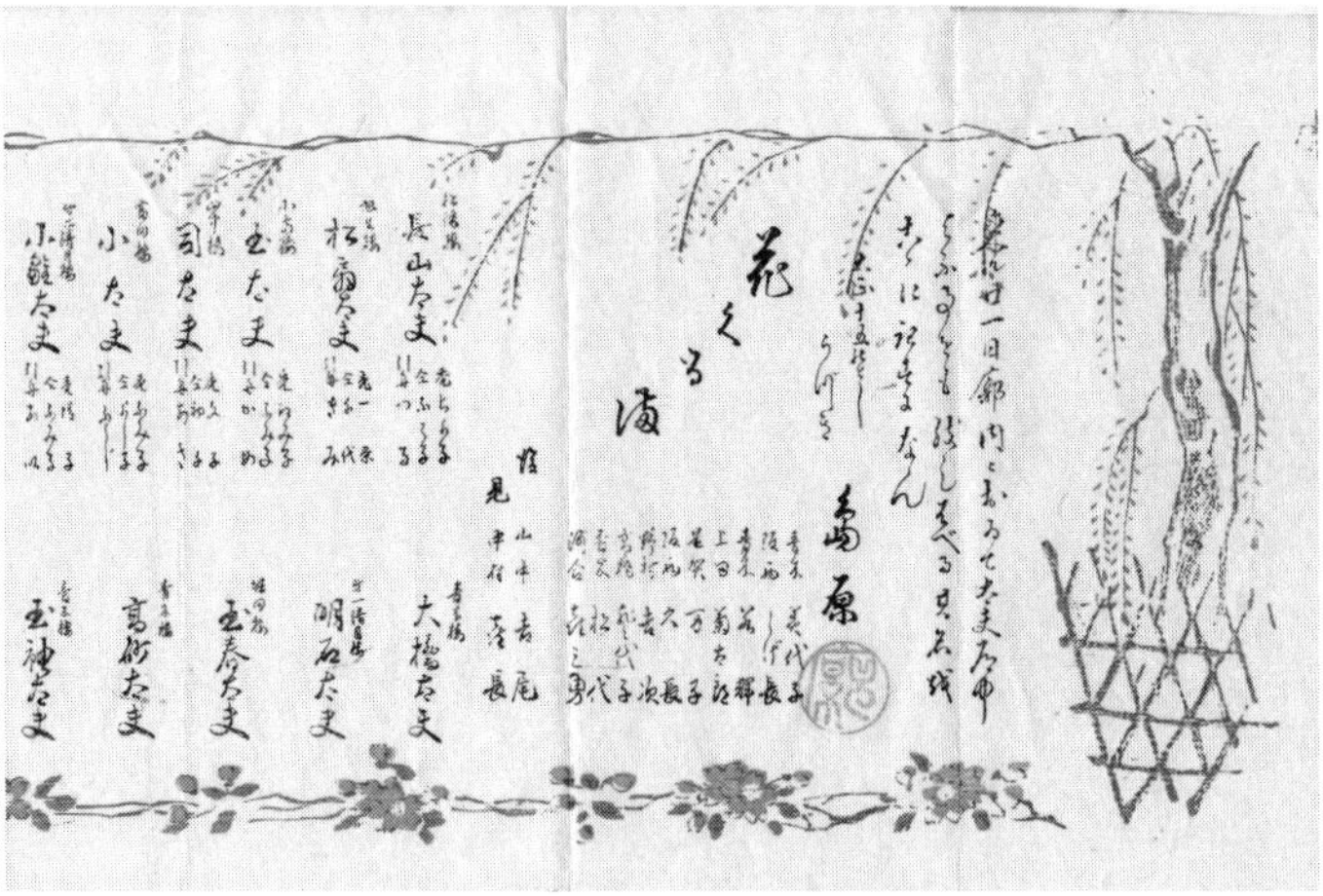

図5－4　太夫道中の番組表

（図5－4）。当日、一枚一〇銭で売られていたものだ[14]。

これによると、この年の道中には、長山太夫、松扇太夫、玉太夫、司太夫、小太夫、小雛太夫ら、一五名の太夫が参加していた。それぞれ禿二名、引舟一名を引き連れている。傘止め（殿）をつとめる選ばれし太夫は、第一清月楼の吉野太夫で、六名の禿に引舟一名が随行した。

図5－5は、このときのものだろうか。輪違屋の前で胡蝶太夫が、禿らとともに記念撮影をしている。

三　戦後の廓風景

源氏物語に題材を取った戯曲や、祭礼に関する作品を数多く残したことで知られる劇作家の北條秀司に、「島原の廓」と題した短い随想がある[15]。花柳章太郎の提案にもとづいて、ある楼の女将を芝居にすべく、い

図５－５　輪違屋の胡蝶太夫

くどとなく《島原》を訪れていた北條が、太夫道中の開催にあわせて花柳と落ち合い、一緒に見物するまでのさまを描いたものだ。「終戦後はじめて」の開催であったことから、そこには否が応にも浮き立つ「廓のさま」が映し出されていて、とても興味ぶかい。

「島原の廓」の末尾には「昭和三十年記」とあるのだが、昭和二一（一九四六）年九月二一日付の『読売新聞』には、小さい記事ながらも写真付きで、「京洛島原に再現」された「太夫道中」の模様が報じられている。

寛永の昔より三百五十年の歴史を持つ京の島原が誇る太夫道中が十八日十年ぶりに復活、昔ながらの髪かけ、金糸銀糸の目もくらむばかりの衣装や長柄の傘、黒塗の下駄に踏む八文字の姿が参観の人々を喜ばせた…〔後略〕[16]…

このときは、どうやら月を選ばずに開催したようだ。「島原の廓」には、「終戦後マッカーサー司令部によって、道中を禁止された……」とあるので、このあと昭和二〇年代を通じて執り行なわれることがなかったのかもしれない。

はなしをもどすと、一足先に《島原》へとやってきた北條は、「混まないうちに」と、廓内を「ぐるりと一廻りして」いる。

一口に島原と言っても、古風な太夫遊びをさせる揚屋は、角屋、青木楼、輪違屋の三軒だけで、あとは全部パーマ、ルージュの接客婦を置いた家ばかりだが、今日はどの店も毛氈を敷き、一応その昔に返った廓風景である。しかし、住込みの接客婦達には古臭い太夫道中など興味はないらしく、ハンドバックを手に、颯爽と遊びに出かけるハイヒール姿が目にはいった[17]。

図5-6　廓内の風景

揚屋は三軒しかなく、大正・昭和戦前期とは、廓内の風景もさまがわりしていたのだった（図5-6）。道中それ自体も例外ではない。「出発地点である見番の土間では、輪違屋の仲居さん達が、今日一日だけの禿衆のために、道中のあるき方を教えて」いる光景がみられたほか、道中に参列する「太夫」は一一人であるものの、実際には太夫が五人しかいなかったため、「廓芸者が扮する」ことになっていたという。

さて、このときの太夫道中は時代行列よろしく、特定の時代の衣装があてがわれていた。「寛永時代、文政時代、明治時代などと墨書された紙」の下に姿見を置き、日本画家・風俗史研究者として知られる吉川観方《よしかわかんぽう》が、その扮装を「厳しく検分して」いたのである。

なかには、納得できない扮装もあったらしい。

「うちこんな地味な衣裳かなんわ」

享保時代の太夫になるお初つぁんの娘が、かわいい頬べたをふくらしている。観方先生へ頼みに行ってやったお初つぁんが戻って来て

「あかん。この時代は吉宗はんちゅう将軍さんが、贅沢を禁止しはったんやて。そやさかいお金のかからん着物になってるのやと」

「ン。しょうむない」

そばで元禄時代の華美な衣裳を着終った芸者が、ピースの煙を吐きながら、ニヤニヤわらっている。(18)

紫煙をはく芸妓が扮装する元禄時代の太夫。いかにも混交的な「伝統」の風景であるのだが、そもそも太夫道中がある種の時代行列として構成されること自体、歴史上なかったことだろう。

このようにみてくると、「〈伝統〉行事」もまた、過去を「再現」することでしか実施することができず、その都度、新たなスタイルが付加されては（再）構築され、そしてまたいつしかそれが〈伝統〉と解されるようになることがわかる。場所に限らず祭礼もまた、「断絶・消滅・忘却・交差・再出現という、非連続的な行程を経てようやく、われわれのもとに到達」（フーコー）するような歴史が織り込まれているものなのだろう。

第六章　祇園祭のねりもの
――《祇園東》芸妓衆の仮装行列

一　祇園祭と「ねりもの」

ここに一枚の写真がある（図6-1）。沿道につめかけた観衆、道行くは一目瞭然、牛若丸だ。これは、昭和三五年（一九六〇）年の祇園祭にあわせて催された、「ねりもの」という道中の光景である。牛若丸に扮するは、《祇園東》のお茶屋「照よし」の芸妓ます美。そして、この印象的なシーンをカメラに収めたのは、在野の花街研究者である加藤藤吉であった。

祇園祭は、貞観年間にまでさかのぼるという、伝統的な祭礼である。七月一日から約一カ月にわた

図6－1 「ねりもの」のワンシーン（加藤藤吉撮影）

る期間中、諸種の神事や関連する祭礼が執り行なわれるなど、とかく山鉾の巡行にばかり目を奪われがちであるのだが、その多彩な行事と期間の長さもまた大きな特色といえよう。

「練り物」ないし「邌物」と表記される「ねりもの」は、祇園祭の期間中、七月一〇日と二八日に行なわれる神輿洗に際して、祇園花街の芸妓衆が（仮装）行列して八坂神社に参詣し、廓の内外を練り歩く行事であった。同じく神輿洗に付帯した行事である「お迎え提灯」に起源を有するといわれ、一八世紀前半にそこから分離して独立した行事となり、現代にまでつらなる行列の原型ができあがったと考えられている。

本居宣長の友人である橋本経亮の著わした『橘窓自語』には、「ねりもの」について次のような記述がある。

八坂郷祇園社の六月祇園会前後、五月晦日、六月

十八日神輿あらひとて、神輿を四条縄手の辻にかき出しはらふことあり。其日祇園街の妓女、今様のさま〲の風流をつくり、御社にまうづるを黎物といへり。此事享保廿年の比より起りしと、古老の語りしが、中絶して近比再興有しより、町と新地のけじめなくなりたり。むかしに牽合しておもふに、長明四季物語に、執行の坊よりねりはじめ云々ありとおぼゆ、もしその遺風を今様の風流にせしにや、彼地の壮観これに及ぶ物なし(1)

京都市文化観光局文化課『祇園祭——戦後のあゆみ』においても、「ねりものとは、八坂神社の氏子である祇園東新地の芸妓が神輿洗の夜、さまざまの風流をつくした行装を整えて社へ詣でる風習が今なお残されているもので、享保二〇年ごろから起こった」とされており(2)、享保二〇（一七三五）年起源説が継がれていた。

けれども、「ねりもの」を通時的に調査・研究した田中緑紅は、お迎え提灯から列が派生し、本格的に「ねりもの」が行なわれるようになったのは、宝暦期（一七五一－一七六四年）であった、と推察する(3)。

事実、宝暦年間に滞洛した若き日の本居宣長は、宝暦六年と同七年の六月に「ねりもの」を見物していた。祇園社鳥居下の二軒茶屋——そのうちのひとつ「中村楼」が現存する——で宣長が見物したときの様子を、日記から引用しておこう。

…〔前略〕…ねり物とをり侍る道すち、いつこもいつこも両かはにさんしきかけわたし、すき間なく人居ならひて、今や来るとまちかねたるさま也、二間《ママ》茶屋のまへにも、しやうき多くすへならへてかし侍る、まつおくへ入て、酒のみなとして、しはしまち居たる、二間茶屋のうち、にきはしきことといふもさらなりや、さてまつ程やゝ久しくて、まつ新地のねりものわたりぬ、やゝしはし有て、祇園町のもわたる、いつのとしもさのみかはらぬこととはいへと、其さまうるはしきほと、心はへのおかしさ、所からとて、兒女のみめかたちうつくしきこといはんかたなし、おくに酒のみ居たる人も、今わたるといふをきゝて、足をそらにはしり出て見侍る…〔後略〕…[4]

この記述からは、仮装しているかどうかは不明であるものの、祇園町（四条通の両側町）と新地とが前後に分かれて行列し、練り歩いていたことがわかる。見物客が雑踏する賑やかさ、そして行列の麗しさと美しさが強調されていることから、すでに当時からスペクタクル性を備えたイヴェントであったようだ。

江戸期以来、「ねりもの」は必ずしも毎年行なわれてきたわけではなく、断絶と復活とを繰り返しながら、また約二〇〇年にわたる歴史のなかで、その形態を大きく変えながら、祇園花街の芸妓衆に担われ受け継がれてきた。けれども、昭和三五年を最後に行なわれていない。はからずも《祇園東》の芸妓たちが扮する最後の道中をとらえていた加藤藤吉のフィルムは、ある種の記録写真として、史料的な価値も有しているといえよう。

二　近代期の断絶と復興

（一）明治二六年の復興

明治期以降における「ねりもの」の開催状況をまとめたのが、表6－1である。明治一〇年代前半に開催年がまとまってみられたあとは、一〇年以上にわたる空白期間が存在する。《祇園新地》花街の甲・乙分離問題が原因となって、尾を引いたのだろうか。

明治二六（一八九三）年に再興された「ねりもの」には、《祇園新地》の花街史にその名を残す、当時の売れっ妓たちが出演して、盛大に執り行なわれた。

……〔前略〕……此時〔＝神輿の還幸時〕祇園町より練物を出したるが、現時は之に換ふるに、其翌十一日祇園町末吉町富永町等の舞妓之を行ふ。

表6－1　近現代における「ねりもの」の開催状況

明治 4（1871）年	6月12日・26日
明治10（1877）年	7月10日・28日
明治11（1878）年	7月10日・28日
明治12（1879）年	10月31日　11月18日
明治13（1880）年	7月10日・28日
明治15（1882）年	9月28日・29日
明治26（1893）年	7月11日・25日
昭和10（1935）年	7月10日・28日（中止）
昭和11（1936）年	7月10日・28日
昭和12（1937）年	（実施されず）
昭和28（1953）年	7月10日・28日
昭和29（1954）年	7月10日
昭和32（1957）年	7月10日
昭和35（1960）年	7月10日
昭和38（1963）年	（実施されず）

即先行燈と称して、長方形の行燈を掲げて行く。続いて数名の舞妓、烏帽子水干を穿ち、三弦を携へながら之れに随行す。次で前囃しと称して屋台に種々装飾して鉦太鼓の囃をなし、以て練り歩くなり。数名の舞妓又は歌妓種々の化装す。之を練子と称す。次に屋台を引く。之を後囃と云ふ。又此前後に飾台を持たしめて練出せり。此飾を見んが為、来り集まるもの其幾千万なるを知らず、宛人頭の山を築きて立錐の余地だも更になし(5)。

「種々の化装」とは、仮装ないし扮装とみてよい。練子となる芸妓や舞子の衣装は贅を尽くし、沿道の見物人を魅了するさまは、今昔を問わなかった。

……練子は何れも自分衣装にて、数日前より衣装の準備に着手したるが、夫々芸に応じた好の衣装、誰とて粗末なるはなし。ズット見渡した処ろでは、何れも負けぬ気のある人々なれば、親を泣かし、姉に心配をかけ、毎日呉服屋の詰切り、アレはどうやのコレは斯うやのと、少しでも気に入らぬ点を代えさせて漸々出来上がった衣装、先づ誰が見ても耻かしくはなし(6)。

衣装を新調する費用をまかなったのは、いわゆる「旦那」やその他の後援者であった。行列に参加するためには、人気もさることながら、資金を工面する後ろ盾も必要だったのである。それだけに、「ねりもの」に選出されることは名誉である一方、年中行事として継続することの難しさもかかえていたことになる。

事実、翌年の開催は見送られ、次なる機会は大正期を挟んだ昭和一一（一九三六）年まで待たなければならない。

（二）昭和の復興と変革

明治後期・大正期・昭和初年と開催されることがないまま、四〇年以上の歳月が過ぎるなかで、昭和一〇（一九三五）年七月、一〇日の神輿洗にあわせて《祇園新地》の甲部が、同じく二八日に乙部――のちの《祇園東》――が、それぞれ別々に「ねりもの」を実施することとなった。しかしながら、開催を目前に控えた六月二八日、京都市は鴨川の氾濫による大水害に見舞われ、「ねりもの」は取り止めとなる。

翌昭和一一年は、甲部側で弥栄《やさか》会館の工事が重なり、中止の意向が示されたものの、再興への期待感が高まりをみせるなかで、最終的には乙部単独での開催が決定した。実に四三年ぶりの復活である。

この年の「ねりもの」は、従来の形態を大きく逸脱し、まったく新しい装いをもって執り行なわれた。というのも、以前の「邌物は出演の妓が銘々でその後援者の人々と相談して世人をアット云わそうと衣裳も新調したものでしたが、この廓は小さいので古のままの邌物」を実施することができず、[7]衣裳や行列の組み方などの演出一切を、近傍に居住していた風俗史研究家の吉川観方に委ねたのである。すると吉川は、出演者を一月から一二月まで割り当て、たとえば「一月 松の壽」、「二月 船の梅」というように月ごとのテーマを設定し、先行燈、三味線、先屋台のあとにつづく行列に、特定の人物に扮した芸妓や舞妓を配置する趣向を打ち出した。

変わったのは、行列の形態ばかりではなかった。明治二六年の再興時には、八坂神社を参拝した一行が北林の舞台で舞を披露し、その後、夜を徹して廓内を練り歩いた。つまり、門前花街たる新地空間を出ることはなかったのである。ところが、この年の「ねりもの」は、祇園の廓を軽やかに飛び出し、鴨川さえも越えて、市中へと繰り出した。祇園の祭礼と花街という、種別的な時空間性に固着してきた「ねりもの」は、ひとりの風俗史家の手に導かれ、大きな転機をむかえたのである。昭和初年に竣工した河原町通がルートに選ばれたことを考えるならば、近代京都のスペクタクルに変幻した、ともいえなくはあるまい。

翌昭和一二年は甲部に交代して実施されることが決まっていたものの、形態の変化にともなう経費の問題などから実現しないまま、戦時期をはさんで再び空白の期間がつづくことになる。

三　戦後の再興と変革

(一) 市役所前の所望

戦後の「ねりもの」復興は、昭和二八(一九五三)年まで待たなければならない。同年、戦後初の葵祭が開催され、行列が組まれたことなども背景にあったのだろうか。田中緑紅によると、「この年は昔にかえり祇園万燈会のお迎提灯と合同」して執り行なわれたという[8]。

昭和一一年と比べて、行列に大きな変化はなかった。順路に関していえば、出発地点が大丸百貨店の西に位置する京都証券取引所となった。長刀鉾《なぎなたぼこ》のお囃子を先頭に、午後六時に出発して東へと進み、河原町通を北上、市役所前まで行進し、「所望」の声に応じて舞が披露されている。前回は、鴨川を越えたとはいえ、河原町通を下がっただけであったから、このときをもって廓外イヴェントとしてオーソライズされたといえるかもしれない。

舞が終わると、再び河原町通をもどって三条大橋をわたり、縄手通から四条通を経由して、八坂神社・円山公園を練り歩き、《祇園東》へと帰着している。

翌昭和二九年は、再び吉川観方の手によって新しい衣装もくわわり、風俗史的な考証にもとづく、ある種の時代行列として演出された[9]。行列そのものに大きな変化はなかったものの、それまでとは決定的に異なる点がひとつある。それは、八坂神社・円山公園が順路から欠落したことであった。「お迎え提灯」から派生したとされる「ねりもの」は、その起源からすると、ずいぶんと遠いところまで遷移したことになる。

三年後の昭和三二年も同じ順路で開催され、さらに三年後の昭和三五年に現在のところは歴史上最後となった「ねりもの」をむかえる。

（二）昭和最後の「ねりもの」

昭和三五年七月一〇日、戦後四回目となる――そして昭和期では最後となった――「ねりもの」が、《祇園東》の主催で三年ぶりに行なわれた。

この年も吉川観方が考証に当たり、それまでどおりの時代行列に類する方式を採用している。同年の月別テーマと出演者をまとめたのが、表6－2である。田中緑紅『祇園祭りねりもの 下』によると、当日は以下のような行程であった[10]。

午後四時に《祇園東》の組合事務所を出発、富永町を西へと抜けて、縄手通を三条通まで北上する。三条大橋をわたり木屋町通を再び北上、御池通を左に折れて、市役所前へと至る。市役所の正門前には特別観覧席が設けられて、芸妓たちは「所望」に応じて舞を披露した。午後七時三五分、提灯に灯が入り、寺町通を南下、四条通を左折し、神輿洗の神輿を追って、そのまま事務所までもどるというコースであった。

表6－2を参照しながら、加藤藤吉の撮影した一連の写真を通して、行列の演者を垣間見てみよう。先頭を行くのは、鉦や笛の演者を載せた屋台である。屋台に先導されて（図6－2）、正月から一二月までテーマを割り振られた芸妓の扮する時代行列がつづいた（図6－3・6－4）。

①は正月（子の日の小松）の模様で、公達役の三名の少女と立烏帽子をかぶった従者が写っている。田中緑紅の評は「一番に出る邃子として見おとり」がすると、なかなかに手厳しい。後方には「二月生田の梅」の提灯が見えている。二月は「吉春」の叶二が梶原源太に扮した（②）。この年に新調し

表6－2　昭和35年「ねりもの」の構成

先囃子	三味線　つる弘（福家）・照菊（吉幸）・琳子（新豊）・久千代（吉幸）・ます子（九二八）
屋台（石鳥居・松）	鉦　豊千代（大和家）・豊丸（高里）・つね英（平岡）・豊文（伊勢八重）
	笛　美代三（清新）・お吉（高里）
	金棒曳　市づる（佐々木初）・登美子（大和家）

正月	子の日の小松	公達：れい子（富菊）・善子（代光）・友子（大雅）
		従者：富香（清新）
2月	生田の梅	梶原源太：叶二（吉春）
3月	桃乃節句	殿：真知子（大和家）　上臈：富鶴（繁の家）
		官女：茂千代（清新）・小美智（新豊）・幸丸（くに家）
		仕丁：恵子（岩歌）・順子（清新）・やす子（西村）
4月	仲之町の花雲	助六：市子（古梅）　揚巻：愛みつ（九二八）
		禿：さきえ（古梅）・のり子（中畑）
5月	滋賀の藤波	藤娘：美代文（吉春）
6月	三河の杜若	業平：豊和（佐々木初）　童：妙子（岩歌）
7月	小町踊	明子（三玉家）・俊枝（寿恵の家）・武子（清新）明子（佐々木）・映子（鶴徳）・きみ子（沢木）
	団扇持四人、雲井の花扇、お花使：富栄（富菊）	
8月	五条橋の月	牛若：ます美（照よし）　弁慶：豊葉（上歌）
9月	三輪の杉	お三輪：小芳（雪花）
10月	吉原廓の紅葉	高尾太夫：つね香（繁の家）　禿：恵美子（岩歌）
11月	猿若町の寒牡丹	暫：美代香（吉春）
12月	万歳楽	舞人：米十（吉春）

行灯（園の栄）祇園東お茶屋組合	
後囃子	三味線　雅千代（大雅）・小万（植辰）・光勇（照よし）・つる羽（福家）・君寿（大和家）
屋台	太鼓　三玉（大里）・愛文（三玉家）
	鉦　市江（くに家）・つる文（清新）・三友（大里）・正美（河美代）
	笛　豆千代（清新）・ふく（植辰）
後見	豊治（岡留）・つる和（古梅）・叶弥（大雅）・たか（九二八）・米子（九二八）

図6－2　昭和35年「ねりもの」の先屋台

た鎧は「相当重いので妓がよく持ちこらえが出来るだろうかとの話もありましたが叶二はよく頑張りました」とは、田中緑紅のコメントである。

③・④は三月の「桃の節供《ママ》」で、前者は「くに家」の幸丸が扮する官女、そして後者は「繁の家」の富鶴が扮する上臈である。四月「仲《ママ》の町の花雪《ママ》」は、⑤が「古梅」の市子、⑥が禿のさきえとのり子、そして⑦が「九二八」の愛みつ扮する揚巻であった。⑧は「六月　三河の杜若」で、「佐々木初」の豊和が在原業平に扮している。

⑨の「七月　小町踊」は、出演者が六名、ほかに団扇持ち四名なども行列をなしていたはずであるが、被写体はお花使役の富栄である。八月は「五条橋の月」を主題として、牛若丸と弁慶が登場した（⑩・⑪）。

ここまでは総じて進行方向の左手から撮影されていたが、⑫は一転して右手真横から「九月　三輪の杁」を写している。⑬は、男衆さんの肩に担がれた高尾太

③

①

④

②

⑦

⑥

⑤

⑧

図6－3　加藤藤吉の撮影した「ねりもの」(1)

夫――繁の家のつね香――である。その前を行く、禿（恵美子）の姿も見える。

⑭はピンボケしているのが惜しまれるが、一一月「猿若町の寒牡丹」の暫（美代香）である。暫は「歌舞伎十八番」のひとつに数えられる演目であるため、昭和一一年の「ねりもの」に登場させることを決めた際、市川団十郎に許しを請うたのだという。後方には、「園の栄」と染めぬかれた行灯が見えている。

⑮もまたピントがずれているが、一二月の舞人を演じる吉春の米十である。「園の栄」の行灯には、「祇園東お茶屋組合」という文字も記されている。行列の最後尾を行くのが後屋台であった。この屋台にも、太鼓・鉦・笛を担当する芸妓たちが乗り込んでいた。

最後に、加藤藤吉の撮影ポイントについてひと言だけふれておこう。被写体の背景には、複数の看板が認められる――「川勝商店」、「中村ちんぎれ店」、「山添天香堂」、「旅館 柳橋」、「天ぷら 與太呂」など。このうち前三者は現在も営業をつづける老舗であり、縄手通の北部に位置している。京阪三条駅を降り立った加藤藤吉は、ここで「ねりもの」を待ち構えて、《祇園東》の芸妓たちをカメラに収めたのだろう。

（三）街頭のスペクタクル

「ねりもの」は、昭和期を通してみただけでも、変化をとげていたことがわかる。昭和一一（一九三六）年には行列の形態が大きく変わり、鴨川を越えて市街中心部へと繰り出した。

⑩

⑨

⑫

⑪

⑬

⑮

⑭

図6－4　加藤藤吉の撮影した「ねりもの」(2)

昭和二八年以降は、行列の内容よりも順路の変更が目立つ。八坂神社と円山公園には寄らない一方、市役所前では舞が披露された。「神輿を迎える」という意味は消え失せ、観光都市・京都の街頭スペクタクルとなったのである。

とはいえ、昭和三五年の祇園祭以来、「ねりもの」の歴史は途絶えたままだ。昭和四一年から実施された祇園祭の合同巡行は、現在、後祭が復活して、本来的な形態に近づける努力がなされている。このような、祭礼行事の真正性をめぐる文化ポリティクスの動向をふまえて、いま一度、すでに消えて久しい、あるいはその形態を著しく変えてきた関連行事にも目を向けてみる必要があるのかもしれない。

二〇一三年、偶然にも、昭和三五年の「ねりもの」で着用された衣装が祇園東お茶屋組合によって発見され、屋台二台も八坂神社に保管されていることが確認された。地元の関係者からは、「忘れられた行事への関心を高め、いつの日にか再興を」と、期待を寄せる声もあがっているという(11)。祇園花街の芸妓衆による街頭スペクタクルの再現は、おもいのほか近い将来に実現するのかもしれない。

〔付記〕幸いにもわたしたち筆者は、昭和三五年の「ねりもの」に出演した富鶴さん、ならびに弘子さんにお会いし、お話をお聞きすることができた（二〇一三年九月七日）。記して謝意を表します。

第七章　鴨川納涼の空間文化史

一　「納涼床」のある風景

小野寺は、ひさしぶりに京都加茂川に張り出した床の上で、大学時代の旧友四人と、大文字の山焼きを見ていた。――加茂川沿いの先斗町の旅館の床は、どこも満員で、三条、四条の橋の上も、川原の土手も、ぎっしりの人出だった。(1)

小松左京のSF小説『日本沈没』のなかで、一瞬のうちに四二〇〇名の死者、そして一万三〇〇〇名の重軽傷者を出すところとなる「京都大地震」発生の直前、小野寺俊夫とその友人たちは鴨川に面した花街《先斗町》の納涼床でくつろいでいた。みそそぎ川に張り出された高床式の座敷（納涼床）で京料理を食し、舞妓を呼んでの華やかな宴である。

大文字の燃え上がった山肌を遠くに見つつ、友人のひとりが次のような感慨をもらす。

「なぜ、こんな古いものを残しとくんだろう?――イルミネーションや、ネオンがない時代には、スペクタクルだっただろうが、今じゃまったくどうってことはない。――それをどうしてのこしとくんだ?」(2)

この語りは、はたして「納涼床」にも当てはまるだろうか?

ここで一枚の写真をみてみよう（図7-1）。これは大正後期に撮影されたと思われる、当時一般に流通していた絵葉書で、芸妓と舞妓が居並んでいる。不思議なことに客はおらず、某ビールメーカーのラベルがこれ見よがしに正面を向けられているところをみると、広告写真として撮影されたのかもしれない。

背景に写る鴨川と大きな橋、高床式の座敷（納涼床）、そして芸妓と舞妓とくれば、京都を代表する花街のひとつ《先斗町》――『日本沈没』にも描かれた納涼風景――と直感されるのではないだろうか。

事実、この一枚とはやや構図を異にするものの、同じときに撮影されたと思われる写真を掲載した

図7－1　1920年代の納涼床

松川二郎『全国花街めぐり』（一九二九年）では、「夏宵値千金「先斗町の夕」」と題されていた[3]。ところが、である。この写真は、実のところ「背景の三条大橋の位置からみて一見木屋町であることがわかるのみならず、芸妓も富菊を中心とした過ぎし日の祇園の一団」であった[4]。つまり、撮影場所は《先斗町》ではなく、明治中期以降に京都を代表する「席貸」街へと成長した《上木屋町》、そこに居並ぶ芸妓・舞妓もまた《先斗町》ではなく、《祇園新地甲部》だったのである。

実のところ、鴨川における納涼の長い歴史のなかで《先斗町》の「納涼床」をみるとき、それは歴史的にも地理的にも例外的であった――つまり、二〇世紀の前半に確立された最新のスタイル――らしいのだ。たとえば、明治中期に出版されたガイドブック『京都祇園会図会』の「四条河原の納涼《すずみ》」という項目を参照してみよう。

> 四条河原の納涼は最古くして其起因は知るによしなしと雖、数百年の昔よりありし事は古書に散見せり。古は四条磧に各出店を設け、多くの婦人は頭に台の如きものを戴きて各自格好の場所を見立て、其処に台を据ゑて上に物を併べ売るなり。初は尤《もっとも》些《いささか》の物を売り居りしものなるが、追々に拡がりて、或は床几の大なるを運び、丸行燈を点じ、近世の如き繁昌を極めしは延宝享保の頃より起れり。両岸の川端より掛出しを設け、或は水浅く流れ清き処に涼棚《すずみだな》を架して客を呼ぶあり、或は水中に足を浸して杯酒を挙ぐるあり、或は舞妓の手を携へて逍遥涼を納るゝあり、或は調馬場に鞭声を鳴らすあり、或は釣魚場に魂を奪はるゝあり或は妓楼に起て踊るあり、或は牀上に酔ふて謡ふあり、笑語喃喃《なんなん》、酔歩蹌踉《そうろう》、軽羅は風に飃《ひるがへ》つて蘭麝《らんじゃ》の香り濃《こまやか》に……、歌舞宴酣《えんたけなわ》にして頻に富貴豪遊を競ふ等、老幼貴賤各《おのおの》其好楽《たのしみ》を異にすと雖、すべて皆消夏の遊興ならざるはなし。万点の紅灯明《あきらか》なること昼の如く、幾多の遊客夜の更くるを覚えず、さしもに広き四条磧も為に立錐の地なきに至る。其繁華なる実に名状すべからず、毎年七月一日に始り八月三十一日を以て終る。此地祭礼の中心なるを以て、此間殊に繁昌せり。[5]

まず注目すべきは、項目名と引用文の冒頭に示された、「四条河原の納涼《すずみ》」という語句である。文中に「四条磧」ともあるように、当初、鴨川納涼の舞台となっていたのは――現在のような高床の座敷ではなく――、中洲や河原であった。その起源は「数百年の昔」（一説には出雲の阿国が活躍した江戸初期[6]にまでさかのぼるというが、はっきりとした由緒はわかっていない。『京都祇園会図会』では、延宝年間（一六七三－一六八一年）から享保年間（一七一六－一七三五年）にかけて、すなわち一七世紀後半から一八世紀前半のあいだに、大型の床几を設置して遊興するスタイルが確立された、としている。

たしかに、黒川道祐「日次紀事」（一六七六年）を参照すると、[7]六月七日の項に、「凡そ今夜より十八日の夜に至て、四条河原水陸寸地を漏さず、床を並べ、席を設く、而して良賤般楽す。東西の茶店挑燈を張り、行燈設く。恰も白昼の如し。是を涼みと謂ふ」とあり、同じく一八日には「四条河原涼の床、今夜に到て則ち止む」と記されている。やはり、納涼《すずみ》は一七世紀の中葉に盛んとなったのだろう。当時、納涼の期間は六月七日から一八日までと限られていた。

そして、新暦の七月一日から八月三一日まで期間が延長された明治中期になっても、東西の岸から「掛け出し」を設けたり、あるいは「涼棚」を架すなどして即席の宴席を用意していたほか、「調馬場」や「釣魚場」といった仮設の娯楽場も登場して、繁華をきわめていたようだ。納涼床のならぶ現在とはまったく異なる風景が、四条の河原や中洲に現出していたのである。

二　江戸期における四条河原の夕涼み

（一）期間の意味

享保甲寅十九の頃より料理茶屋、水茶屋見せを出し、段々繁昌して今は常見せもなり。尤市掛の茶屋也。年中繁昌の所也。六月七日より同十八日まて、すゝみあり。北は三条より南は四条二町迄、川原に道筋をわけ、川へ床を掛、料理茶屋、水茶屋有、其外芝居、浄溜理〔瑠璃〕、辻能、狂言人、水からくり、手つま、諸国珍物を見せ物にする事、その数をしらす。夥敷賑ひ、石垣町、川端、縄手裏、先斗町、西石垣町何れもかし床掛、雨天もいとわすやかましき程のさわき也。石垣町の揃あんとう、花火をともし競、勝景いふはかりなし。(8)

これは、元文二（一七三七）年に京都を見聞してまわったとされる、博望子「洛陽勝覧」の「四条河原」に関する説明である。すでにみたとおり、『京都祇園会図会』では夕涼みが盛んとなるのは延宝から享保にかけてとされていたが、「洛陽勝覧」では「料理茶屋」や「水茶屋」が出るようになったのは享保一九（一七三四）年以降のことであると限定し、その後、徐々に「繁昌」するようになったとしている。

この時期の「納涼」は、六月七日から一八日まで行なわれており、元文二年の期間をグレゴリオ暦で換算すると、七月四日から一五日までということになる。北は三条から南は四条下ル二町の範囲に、茶店や遊芸・見せ物などがひしめき合い、賑わいを呼んでいた。

このように納涼の期間が定まっていた背景には、祇園会が関わるという説も存在している(9)。祇園会の神事のひとつ、前の神輿洗いが五月の晦日に四条河原の東畔で執り行なわれ、これを祇園町の人びとが「お迎え提灯」をして迎えた。その際、鴨川の神を神輿に乗せて迎えているという意識が共有されていたという。その後、六月一八日の後の神輿洗いまでは、四条の河原では神が不在となるため、そのあいだは鴨川で遊楽することを許された、というのである。

また、これとは別に「この納涼の風俗は一は六月祓《みなつきはらひ》の遺意で〔、〕殊に祇園祭と連関して除疫の意を寓されて」いたものの、のちに「この信仰的方面は全く忘却せられた」という説がある(10)。さらに、西田利八の納涼文化に関する古典的な論考では、「平安朝の昔から川辺に牛頭天皇を祀つて除疫を行なつた夏の御秡《みそぎ》に源を発し、爾来悪疫退散をいのる信仰の表徴として老若男女貴賤貧富の差をとはず、四条河原に蝟集した」ものの、のちに祇園会と結び付いて六月七日にはじまる一二日間に収斂したとされた(11)。

（二）江戸期の納涼風景

「四条河原夕涼は六月七日より始まり同十八日に終る。東西の青楼よりは川辺に床を設け、灯は星

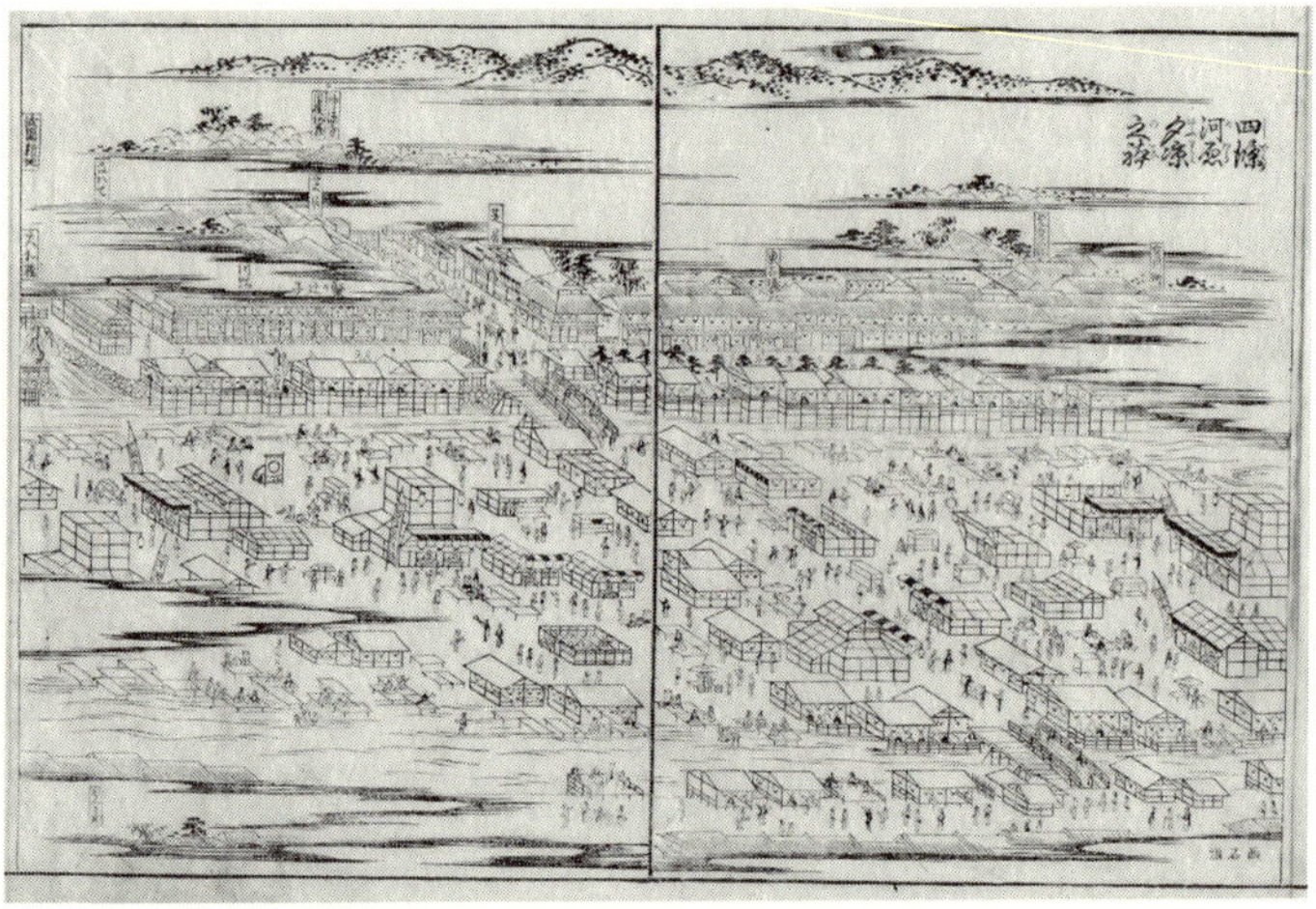

図7－2　秋里籬島「四条河原夕涼之体」

の如く、河原には床几をつらねて流光に宴を催し」と説明する安永九（一七八〇）年刊の秋里籬島『都名所図絵』[12]には、「四條河原夕涼之体」と題して、納涼風景が鳥瞰的に描かれている（図7－2）。中央に大きくひろがるのが中洲であり、上部には東の山並みと仲源寺（目疾地蔵）が配される。その手前にある「芝居」は、南座であろう。

この絵図のなかで、なによりも印象的なのは、ところ狭しと描かれる中洲上の建物である。キューブ状の小屋や大箱の芝居小屋が、南北に建ち並ぶ。他方、中洲の両端には多数の床几が置かれており、脚を川の流れにひたすなどして、じかに涼を感じられる工夫がなされていた。東岸（絵図の上部）で張り出すように立地する高床は、現在の納涼床をさきどる構造物だろうか。

興味が持たれるのは、（現在とは異なり）納涼床のメインが左岸（東）であることだ。往来の激しい現在の殺風景な川端通からは想像もつかないけれども、《祇園》や《宮川町》といった花街の近しさに由来する納涼風景であったのかもしれない。

「洛陽勝覧」における「川へ床を掛」ないし「かし床掛」がこの構造物を指していたとするならば、高床式の宴席は夕涼み成立の当初から存在していたことになる。その背景には、寛文年間（一六六一―一六七二年）の治水工事にともなって両岸で築堤された結果、河岸と川面との距離が開き、その高低差を埋めるべく高床式の納涼床が張り出されるようになった、ということもあるのかもしれない。[13]

次いで、『都名所図会』につづく寛政一一（一七九九）年刊行の『都林泉名勝図会』をみてみよう。[14]『都林泉名勝図会』には、「四条河原夕涼其一」ならびに「夕涼其弐」と題された、二幅の絵図が収録されている。「四条河原夕涼其一」（図7－3）には、左上から右下への流れを挟んで、手前（左下側）の中洲に東岸から二本の橋が架かっている。『都名所図会』とはうってかわり、ところ狭しと描かれるのは人・ひと・人だ。

江戸時代の後期（一九世紀前半）に移ると、享和二（一八〇二）年に京都を訪れた曲亭（滝沢）馬琴が、『羇旅漫録』の「河原のすゞみ」において、二条河原にも大弓・楊弓・見せ物などがあったとしているものの、これまでみてきたように鴨の河原でもっとも賑わっていたのは、やはり四条であった。「貧しきものは竹の皮に握り飯をつゝみてもちゆき、店物はくらはず」、「只店上のものをくらふものは、旅客と祇園の嫖客のみ、ゆゑに物みな価尊し」、つまり店のものを食べるのは旅客と祇園花街に遊ぶような嫖客ばかりで、物価が吊り上げられている、という指摘が面白い。[15]

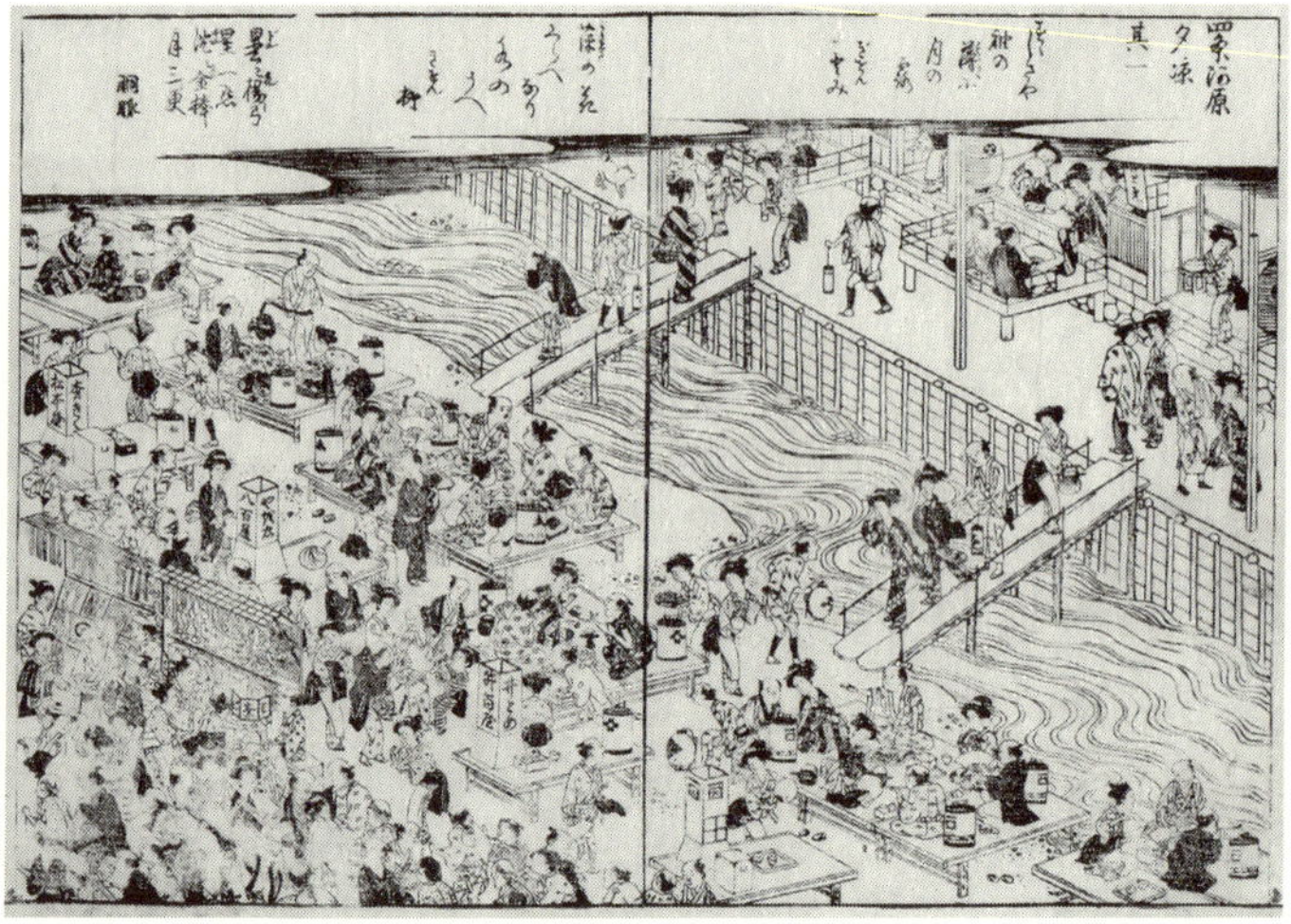

図7－3　『都林泉名勝図会』の「四条河原夕涼其一」

曲亭馬琴らが目にした一九世紀前半の納涼風景を知るうえで、歌川広重（一七九七－一八五八）の木版画が参考になる（図7－4）。西岸から北東を望む構図となっており、手前に描かれた床几では、芸妓三名を呼んでの宴が開かれている。行燈のほか、酒器や料理などもならび、左側の客と芸妓はお座敷あそびをしているようだ。

中洲に目を移すと、それまでと変わらず、ところ狭しと床几が並んでいる。上流（左手）の方には比較的大きな小屋が、同じく下流部にあたる図幅の右端にも幟を立てた大きな建物がみられる。一八世紀の後半から引き続き、見世物の興行があったのだろう。

対岸に目をやると、二階の軒先に行燈を吊るした「お茶屋」らしき建物がならび、岸から中洲にいくつもの小橋が架かっている。不思議なことに、いわゆる高床式の納涼床はまったくみられない。

図７－４　歌川広重「京都名所之内 四条河原夕涼」

ところで、鴨川では安政三（一八五六）年に大規模な浚渫工事が行なわれ、四条の橋も架け替えられた結果、納涼風景は一変する。たとえば、「四条河原の納涼は、昔よりいと名高く、河原の賑ひ夥しかりしが、去午年に四条橋のあらたに架せしかば、往来にはいとたよりよくなりしが、河原は昔に似ずなりて、商人みせもの、たくひも出ず、納涼なども巳前のごとくにはあらず」（原田光風「及瓜漫筆」一八五八、一八五九年）というように[16]、「商人」や「見世物」などはみられなかったのである。

鴨川が都市内を貫通する急流河川である以上、納涼はつねに水害や治水に左右される文化であった。

三　明治期における納涼風景

（一）納涼のサウンドスケープ

夏期に至れば、水上磧頭《みずのほとりかわらのうへ》に仮床をならべ、席をまうけ、燈を点じ、篝火をたき、夜を徹して雅俗雑踏す、之を四条河原の納涼《すずみ》といふ。往時は旧暦六月七日の夜より十八日の夜に至るを定めとせしが、近年に及びては七月の初め便時をえらびて川開きをなすこと、せり(17)。

一七世紀なかばに定着したと思しき四条河原の納涼は、幕末・維新期の混乱を経て、また遷都を経験した明治京都にも、新暦にあわせるかたちで受け継がれていたようだ。

納涼の開始が「便時」であるのと同様、終わりの時期も厳密ではなくなり、たとえば明治二五（一八九二）年には九月中旬に切り上げるなど、遊客の減少にあわせて店じまいすることもあった(18)。

内国勧業博覧会が明治二八（一八九五）年に京都で初めて開催されるのにともない、それにさきがけて数々の「京都案内」本が刊行された。その多くが四条河原の納涼をとりあげており、京の夏の風物詩としてひろく認識されていた様子がうかがわれる。たとえば、『京都繁栄記』における「四條河原納涼」の項は、当時の賑わいを活きいきと描いている。

詩を吟じるあり、歌を謡ふあり、優遊自適心を無何有《むかう》の郷に帰し、精神を安楽世界に馳し轟々轔々の音は人力車の鉄橋を走るなり。爛々燦々の光は萬燭の河面に漲るなり。とくに西瓜店の火より赤き行燈あり、彼れに心太《ところてん》の水より冷きあり甲にヒヤコイヒヤコイの白玉あり、乙に甘い甘いの甘酒あり、各床拍手沸く如く、或は飯酒《でんしゅ》を命じ、或は水茶を呼ぶ、下女奔走左應右諾言下各種を送り来る(19)

人びとの歌声や注文の声、四条の鉄橋を走る人力車の音、「下女」が注文を受けて走り回る音など、喧騒にあふれる賑やかなさまを写し取った、見事なサウンドスケープ・スケッチである。

(二) 納涼の空間分化

時期は前後するが、明治二六（一八九三）年、琵琶湖疏水の整備事業にともない、河原の状況が変化する。

鴨河新運河工事の為め、鴨川の土砂を浚渫《しゅんせつ》されしに依り、本年は川床殊の外低くなり、且つ水勢も激流となり、川幅も狭きを加へしを以ッて、出店者は意外に少なく、去る一日の川開きには鴨川筋に二三軒の氷店を見掛けしのみにて、料理店・馬駈場・水烟火《みずはなび》・雑店等は出店せず。併かし本月十日の祇園神社の祭禮御輿洗ひまでには出店する見込みにて、彼此支度中のものをも見受けしが、鴨河の両沿岸先斗町・縄手・西石垣・木屋町等の貸席・料理店等の高床掛け、納涼棚は大抵掛け揃ひたれど、肝心の磧の出店なく、年々此擧淋しくなりて可惜京名物を失ふ心地こそすれ(20)

浚渫工事にともなう河床の低下に起因して、川の流れが急になり、川幅も狭まったことから、期初とはいえ、「京名物を失ふ心地」を惹起するほどに、四条河原への出店が少なくなっていた。

もちろん、その後も四条河原の夕涼みはつづけられるのであるが、ここで興味が持たれるのは、四条河原を挟んで立地する東西の花街――《先斗町》ならびに《祇園新地》の縄手通――、さらには鴨川右岸にあって、これまた《先斗町》を挟み込むように立地する北側の席貸街《上木屋町》と南側の料理屋・席貸街《西石垣》には、「高床」や「納涼棚」(いわゆる現在の「納涼床」)がすでに掛けられているものの、「肝心」なのはあくまで前者――すなわち四条河原――であったということだ。

また、この時期の「納涼地を案内」する新聞記事には、次のような説明がみられる。

先づ市中にてハ木屋町川附きの貸席なり。月夜に乗じて鴨川に突出したる牀上に涼を納ること最も可なれども、此地ハ大抵紅裙を伴ひたる粋士の淫窟なり。四条磧ハ下等社会群衆して俗気に堪へず(21)。

案内すべき「納涼地」として真っ先に挙げられるのが、《上木屋町》の「川附きの貸席」――正確には「席貸」――であった。たとえば、「店は川つきといって鴨川べりの部屋は東山と対して、夏はことによい」、あるいは「夏は川つきと称する川床をはりだし」と説明されるように[22]、現代でも「川つき」という言い方が用いられることもある。

この記事が重要であると思われるのは、《上木屋町》の席貸を利用するのが芸妓を同伴できるような富裕な粋士であるのに対して、四条河原は「下等社会」の「群衆」と位置づけられるごとく、納涼文化における空間的な階層分化を示唆する点である。

お洒落な「紳士」たちは、河原に出された茶店などには目をくれることもなく、舞妓を連れて席貸へと入り、酒食をともなう宴席を楽しむ――これが「紳士の納涼なり」。他方、「千差万種の人」が集まる河原では、それぞれの好みに応じた簡便な過ごし方で、まさにそれぞれの納涼が楽しまれていた[23]。

(三)「河原の涼み」の消滅、「納涼台」の台頭

二枚の写真をみてみよう(図7-5・図7-6)。二枚とも、鴨川左岸から南西を向いて、四条大橋西詰のあたりが写されているが、撮影ポイントにずれがある。図7-5(「京都鴨川夜景」)には、左手の「仁丹」の看板の前に橋が架かっている。図7-6(「京都四条磧夕涼」)だと、「仁丹」の看板はほぼ正面に写り、やや見づらいものの、左手には形状の異なる橋が架かっている。前者は現存しない

図7－5 「京都鴨川夜景」

竹村家橋、そして後者は四条大橋であるので、いずれも《先斗町》南部の納涼風景を撮影したものと考えてよい。

図7－6の観光紀念スタンプの日付は「四十四年三月廿八日」であることから、明治四四（一九一一）年に押印されたものと考えられる。すると、絵葉書それ自体は、明治末期の納涼風景ということになろうか。江戸期の絵図に描かれた情景に比べると、川の相も含めて、ずいぶんと様子が異なっている。

中洲の分布に依存するためか、納涼のための諸施設は、右岸にかたよって立地している。図7－5の右側には、メリーゴーランドらしき構造物が写っている。(24) 手前にあるとはいえ、周囲の建物と比べても相当に大きく、煌々と光り、アトラクションとしての存在感は満点であったはずだ。

図7－6からは、もう少し詳細な状況を読み取ることができる。すなわち、《先斗町》側のお茶屋や料理

図7-6 「京都四条磧夕涼」

屋からは、高床式と思しき構造物が掛け出されている一方で、その下の中洲の上には、白っぽいテントに提灯をかけた小屋がびっしりと建ち並ぶ。さらに、その中洲から流れのなかに床几も出されており、当時の納涼空間はこれら三層の構造であったことがうかがわれる。

　この図を拡大してみると、右から四番目のテントに「□□秡」という文字がみられる（□は判読できず）。すでにみた、「六月秡《みなつきはらひ》」を意味する暖簾であろうか。これが「四条河原の夕涼み」最後の光景であったのかもしれない。というのも、時代が明治から大正へと変わるのにあわせたかのように、河原の納涼が姿を消すからだ。

> 古昔は四条の納涼と称し、毎年夏期に至れば橋下の川原一面に床を架して涼棚を構へ、諸種の演戯、観覧場、飲食娯楽の店肆相列なり、燈火は千萬点

相輝映して、繁華熱□いふばかりなかりしが、新橋の改築と同時に此の納涼も止み、遂に京名物の一を滅することとなりぬ[25]。

安政三年の架橋・浚渫工事と同じように、四条大橋の架け替えに際して（明治四四（一九一一）年一二月‐大正二（一九一三）年三月）、浚渫も行なわれ[26]、床几を置くことが困難になったのだろうか。なお、大正四（一九一五）年の地形図をみると、中洲がなくなっている[27]。河川環境の物理的な変化も、影響したのだろう。

「四条河原の納涼」が消滅したことから、納涼の舞台は「納涼台」と称される高床式の座敷が独占してゆくこととなる。「この橋（三条大橋）を中心に北は木屋町の席貸の床、南は先斗町廓の床がならび、八月の大文字の眺め、だらりの帯の舞妓をこの橋の畔に立たした処、京都情緒の濃厚なものがある[28]」、とは郷土史家・田中緑紅の弁である。

昭和初期、鴨川納涼の主舞台は納涼台へと移った。なかでも、その名どころとなったのは、すでにみてきた《上木屋町》である。昭和三（一九二八）年に発行されたガイドブック『大京都』には、「鴨川情緒たつぷりな……木屋町の床気分……のんびり落着く上木屋町の席貸」と題して、《上木屋町》の席貸二四軒にくわえ、下木屋町・下河原・安井その他の席貸が挙げられていた。

鴨川情緒たつぷりな木屋町の床は毎年七月の初め頃から九月一パイ歓迎せられ、何処も此処も灯ともし頃から賑ふ。上木屋町は勿論其他の処でも殆んど旅館を兼ねて居るので、セカ〳〵しくて気ぜわしい旅館気分を厭ふ人、殊に夏の蒸し暑い頃には此処を利用する人が多く又実際に気分がよい。

浴後……鴨川に沿ふて緩るくわたる涼風に身をさらしながら岐阜提灯の灯影軽く揺れる辺、古都の夜景が川面に映る様を眼にしながら夕食を口にすれば其味正に萬金に優さるものがある。又幾つかの近い床から祇園舞妓の可愛い丶笑声や、粋な端うたに連れて根締のい丶爪弾きの音などが風に交つて送られて来る頃、ほんのり色づいた額に自づつと愉悦の湧くを禁じ得ない。

ほんに木屋町の床気分は京都に応しき夏の夕べ、忘れ得ぬ絶好のものである。(29)

図7－7は、『大京都』にもその名のあがる席貸「大千賀」の床である。当時、「納涼台」と呼ばれた高床式の座敷は、ここ《上木屋町》に完成し、戦後へと受け継がれてゆくだろう。

四　空間文化としての鴨川納涼

戦後、河原を離れた「床」が、紆余曲折するとはいえ、『日本沈没』が刊行された一九七〇年代には、すでに一般化し、本来の姿である「四条河原の夕涼み」は、忘れ去られようとしていた。文芸評論家の山本健吉（一九〇七－一九八八）は、「四條河原のゆか」と題して、次のような文章を寄せている。

祇園会の前後、うだるような京の暑さは最高に達する。そして、そのころが鴨川の床涼みも頂上である。木屋町や先斗町のお茶屋の座敷から、河原へ桟敷をつき出し、そこに舞妓のだらりの姿が点ぜられたりすると、床涼みらしい情緒も生まれよう。[30]

図7－7　《上木屋町》の席貸「大千賀」の床

《上木屋町》の席貸の床、《先斗町》のお茶屋の床、そこに「だらりの帯の舞妓」がくわわれば、「京都情緒の濃厚なもの」が味わえるとする、昭和戦前期の田中緑紅の言葉が反復されている。けれども、「床涼み」に限定される納涼風景は、昭和初期に創出された伝統なのであって、「四條河原のゆか」の「床」は、本来、文字通り河原に置かれた床几であった。この点で、鴨川納涼が「〃みそそぎ川〃にかけた涼み台、〃鴨川の床〃にわずかに往年の名残りを止めるだけで、それも大衆にはおよそ、縁遠いものになってしまった」という指摘は、まったくもって正しい。[31]

戦後、四期一六年にわたり市政をになった高山義三《たかやまよしぞう》（一八九二―一九七九）が、市長在任中、次のように語っている。

「鴨の河原の夕涼み……」と云う祇園小唄の文句も、いまの人たちにはピンとこないかもしれないね。四条から五条の川原に、ヨシズ張りの小屋が所狭しとならび、金魚すくい、氷屋、花火、トウロウ流しなどもあった。見世物小屋もあった。浴衣がけにウチワで、ブラッとでかけたものだ。平和で庶民的なたのしみの代表だった。時代が変わったとはいえ、私はあれをもう一度復活してみたい。[32]

その後、「庶民的なたのしみ」が「復活」することはなかった。鴨川の納涼を空間文化史として捉え返してみるとき、それは本来有していた多様性が段階的に失われる過程そのものであり、最終的には「納涼床」と称される特定の形式に画一化される――いわば空間文化の貧困化の――歴史であったともいえるかもしれない。

いま一度引用するならば、「老幼貴賤各《おのおの》其好楽《たのしみ》を異にすと雖、すべて皆消夏の遊興ならざるはなし」、それが鴨川納涼の原風景である。

第八章　祇園はうれし酔ひざめの……

――《祇園新橋》の強制疎開

一　《祇園白川》の景

町家が連なり、白川が流れ、石畳の道が続いています。舞妓さんの姿が見えることもあり、京都の情緒を楽しむには一番のスポットです(1)。

これは観光情報のウェブサイトに記載された、《祇園白川》の紹介文である。町家、（旧市街地では数少ない）川の流れ、石畳、舞妓――これが、「京都の情緒」なるものを構成する景観要素というわけだ。たしかに近年、結婚式をひかえた紋付き袴と白無垢姿のカップルが記念撮影をしている姿をよく見かけるし、春の桜花、若夏のあざやかな柳の葉を愛でつつ、石畳の街路を行き交う観光客も多い。

あらためて確認するほどのことではないかもしれないが、白川の流れに面した南北両岸のこの一帯は、祇園新地甲部の範域に含まれる。ここが花街であることも、人気スポットの背景となっているのだろう。それにしても、なぜ芸妓ではなく舞妓なのだろうか——前者の方がはるかに多いというのに……。

切り通しから辰巳橋をわたり、辰巳大明神を目前に左手に折れると、そこが《祇園白川》である（正式名称は白川南通）。一本北側の新橋通を含め、一帯は「祇園新橋伝統的建造物群保存地区」に指定されており、祇園新地甲部の北限ともなっている。

観光客が立ち止まってみることはめったにないものの、白川南通の白川畔には、歌碑と銘板がある（図8-1）。

かにかくに　祇園はこひし寝《ぬ》るときも　枕の下を水のながるる

これは、吉井勇の数ある歌のなかでも、少なくとも京都では、もっとも知られた一首ではないだろうか。「吉井先生いうたら、祇園の恩人のようなお方どす」という元芸妓の三宅小まめは、吉井を次のように賞賛する。

図8-1　吉井勇の歌碑

この一首で、祇園を本当に有名にしてくれはりました。そやから、あたしらは、吉井先生に感謝の心を忘れへんいう気持ちで、白川の巽橋のほとりの「大友」の跡地に「かにかくに」の碑をつくって、毎年十一月八日に「かにかくに祭」をしてますねん。祇園の舞妓、芸妓やお茶屋の女将さんたちが集まって、菊の花の献花をするんどす。[2]

いまも毎年一一月八日には「かにかくに祭」が行なわれており、芸妓・舞妓の献花する姿は、翌日の地元紙に必ず掲載される、晩秋の隠れた風物詩となっている。一一月二三日には、長田幹彦の作詞した「祇園小唄」を紀念する祭が、円山公園に建立された歌碑の前で執り行なわれているものの、有名性という点では前者の方がまさるであろうか。

花街に生きた人物が手放しで礼賛する一方で、生粋の京都人（?）の目には、別様にうつるものらしい。

京都の唄というと、京都の民謡の代表のようにみな「祇園小唄」をいうけれども、あれはごくあたらしいもので、詩人長田幹彦が、一九三〇（昭和五）年につくった唄である。他郷のひとが京都にあそんでつくった唄だという意味では、「かにかくに、祇園は恋し云々」という吉井勇の和歌に類するものであって、「祇園小唄」はそれと同様に京都市民の唄ではない。頼山陽などが京都に遊学して、いろいろ詩をつくったりしたのと同様のものであろう。よい唄ではあるが、市民的感覚からいうと、やはり違和感がつきまとう。(3)

世界をまたにかけて活躍した偉大なる民族学者の言葉とは思えない自都市中心主義的な言い分であるのだが、異郷者とその作品に対する違和感の根底に、鴨東にまつわる心象地理があるとも読めなくはない。

とはいえ、昭和三〇（一九五五）年一一月八日、小説家の志賀直哉、谷崎潤一郎、里見弴、久保田万太郎、大佛次郎、画家の西山翠嶂、和田三造、堂本印象、さらには井上八千代（四世）や杉浦治郎右衛門といった祇園関係者に、市長の髙山義三、新村出や湯川秀樹などもくわわり、吉井勇の古稀の紀念として、歌碑が建てられたことをふまえると、ある程度はそのよさが市民的感覚なるものにも浸潤していたとみるべきであろう。

では、歌碑の建立に、なぜこの場所が選ばれたのか？　問い方を変えるならば、枕が置かれた寝床はどこであったのか。すでにお気づきの読者もあろうかと思うが、三宅小まめが指摘するように、歌碑があるのは「大友」の跡地である。第一章で述べたことだけれども、大友は夏目漱石らと交流した、あの磯田多佳の家宅（お茶屋）にほかならない。

さらに問い方を変えよう。では、なぜ「大友」の跡地に歌碑が建立されているのだろうか？

二　枕の下はいずこ

夏目漱石や吉井勇らがなじんだ祇園新地甲部のお茶屋「大友」と、その主である磯田多佳。ここでは、谷崎潤一郎の回想から、お茶屋とその主の姿を垣間見てみよう。

明治四五（一九一二）年の滞洛録である「朱雀日記」のなかで、谷崎は「京都にはジレッタントが多い」としたうえで、その一例として直接会わないままに多佳のことを「祇園の新橋には磯田と呼ぶ四十近い老妓」がいると記していた[4]。その後、谷崎は、三条大橋西詰の旅館「萬屋」の金子竹次郎と岡本橋仙とに案内されて、実際に大友を訪れている。「時代のついた恐しく古い建物で、天井の低い薄暗い家の中へ這入ると、てら〳〵黒光りに光つてゐる柱が危なつかしく一方へ傾いてゐた」というのが、そのときの第一印象だ。そして、「谷崎さん、老妓はひどいぢやありませんか」というのが、谷崎と対面した際の多佳の第一声であった[5]。

そこで谷崎は、大友の建築環境を観察しながら、吉井勇の「かにかくに」の背景を推察するのである。

……お多佳さんの家で何よりも変つてゐるのは、あの白川の水が床下をちよろ〳〵流れてゐた風情である。吉井勇の歌に、「かにかくに祇園はうれし酔ひざめの枕の下を水の流るゝ」と云ふ吟詠があるのは、恐らく此処の座敷に於ける感慨であらう(6)。

お茶屋の床下を水が流れる風情――たしかに、大和橋から描かれた吉川観方の風景画「大和橋の雪晴」(一九二三年)をみると、白川右岸の建物(お茶屋)は、実際、河川内に柱を立てて、水面にせり出すような部屋が設えられている。これは、左岸にはみられない。

この文章を注意してみると、吉井勇の歌の「五・七・五・七・七」のうち、第二句・第三句の部分が、書き換えられていることに気づく。「祇園はこひし寝るときも」が、「祇園はうれし酔ひざめの」となっているのだ。

「かにかくに」は、「あれこれと/いろいろに/何かにつけて」を意味する副詞である。意訳すれば、「なにかにつけて祇園はうれしいところ。とりわけ酒の酔いが醒めたとき、枕の下を水が流れているさまなど、いっそう喜ばしい」、といったところだろうか。

「恋し(こひし)」も「うれし」も、シク活用の形容詞である。だが、「うれし」への置換は、吉井の本歌とのあいだに、決定的なちがいをもたらしているといわなければならない。というのも、「祇園はうれし酔ひざめの」では、酔いの醒めるのが夜半であれ、明け方であれ、あるいは翌朝であっても、その場の満足感をうたっているからである。

　ところが、「祇園は恋し寝るときも」となると、状況は大きく変わる。「恋し」は、距離を前提する語句だからだ。それは、今はもうそこにいないという空間的な次元と、時間的な事後性とを含意する。つまり、恋しい《祇園》を離れている状態でうたわれているものとみるべきであろう。逆に谷崎が「此処の座敷に於ける感慨」と述べるとき、形容詞は「うれし」でなければならない。のちに谷崎は、吉井の「歌は最初、「かにかくに祇園は嬉し酔ひざめの枕の下を水のながるゝ」であったように思われる」とし、「後年今のような形に訂正した」と推測しつつ、「もとの形の方が感じがぴったり来る」と述べているのだが、[7] 実際には訂正されたわけではない。

　このように考えてくると、吉井勇自身の意図するところも、ある程度は理解されるだろう。

> これは別に、何処で作つたといふ歌ではなく、枕の下を流れてゐる水の音は、大和橋の下をくぐる白川のせせらぎでもよければ、河原蓬の間を流れてゐる加茂川の水のひびきでも関はない。兎に角寝てゐると枕に伝はつて来る水の音が、何時までも耳について忘れられないといふだけの歌なのである。[8]

まるで、谷崎の感想に反駁するかのような書き方である。「何処で作つたといふ歌ではな」い、つまり必ずしも大友――の「座敷に於ける感慨」――というわけではない。したがって、水の音は白川でも鴨川でもよい、というのだ。さらに「忘れられない」は、水の音を聞いたのは過去のことで、今はその場にいないという時間的・空間的な距離をも示している。

かにかくに　祇園はこひし寝るときも　枕の下を水のながるる

かにかくに　祇園はうれし酔ひざめの　枕の下を水のながるる

このように、あらためて二つの歌をならべてみるとはっきりするように思われるのだが、吉井は祇園〈で〉ではなく（no-where）、祇園〈を〉うたった。それに対して、谷崎の「酔ひざめ」には、「今・ここ」性がある（now-here）。そして吉井の歌碑は、《祇園》の白川畔に建てられた。そこにはもはや、大友はない。

三　強制疎開の景観

（一）渋谷天外の涙

祇園町の北側に位置する白川の両岸には、どちらもお茶屋が建ち並んでいた。いまは「京都の情緒を楽しむには一番のスポット」とされる《祇園白川》であるが、白川の右岸にお茶屋は一軒もなく、石畳風の白川南通が貫通している。吉井勇の「かにかくに碑」があるのは、この場所にほかならない。磯田多佳のお茶屋「大友」は、その痕跡すらとどめていないことになる。なぜか？

多佳女さん姐さんの実家の「大友」さん。吉井勇先生が「かにかくに祇園はこひし……」というお歌を詠まはったのは、「大友」さんの離れ座敷やといわれてます。もういまは、その「大友」さんもあらしまへん。戦争中の強制疎開のとき壊されてしもうたのどす。(9)

三宅小まめが述べたように、結論からいえば、《祇園白川》とは「戦争中の強制疎開」によって生産された空間なのであった。京都では、その強制性が強く意識されているためか、あるいは戦災の規模が小さかったゆえに、かえって建物疎開の跡地が目立つ結果となったためなのか、「強制疎開」と呼ばれることが多い。一般的な呼称は建物疎開であり、戦時中、計画的に建造物を除去し、空地を生産する一連の過程を指す。当然、そこに暮らす人たちもまた、否が応にも「疎開」せざるをえなかった。

「京都市は原爆投下対象都市として通常の空襲をまぬかれ」たものの、「建物疎開は……広範囲にわたって実施され」ている(10)。現在の都心幹線道路である堀川通、五条通、御池通、あるいは京阪三条駅周辺や四条大宮交差点などの交通関連・商業施設やロータリーなどは、いずれも疎開空地の用途転換によるものであるし、もっと小規模な疎開空地とその跡地利用も、旧市街地の随所にみることができる。

京都における建物疎開は、昭和二〇年三月以降の実施規模が最大となった。対象となった地区には、《祇園新橋》白川右岸のお茶屋地区も含まれた。通達があったのは三月一五日、多佳が立ち退いたのは、そのわずか四日後であったという。転居先で病の床についた多佳は、二カ月後の五月一五日にこの世を去ることになる(11)。

悲憤にくれる多佳が目にすることのなかった光景を、涙ながらに目の当たりにしていたのが、喜劇俳優の渋谷天外《しぶやてんがい》（一九〇六－一九八三）である。

敗戦直前、全く直前である。ぎおんの辰巳橋に立って涙があふれて止めるのに困ったことがあった。ぎおん生れにとって、辰巳橋あたりはなつかしい思い出のありすぎるところ、白川をはさんで両側からお茶屋はんの裏廂がせまって、たそがれともなると、淡い灯影がせせらぎへ落ちてくる。そのぎおんのなかのぎおんの一角が、強制疎開で、警防団や消防手の手で、エッサエッサとこわされていったのである。そのころ南座へ出ていた私は朝早く、橋の上に立って永別とも哀惜ともつかぬ気持で、破壊作業をポカンと見てるうちに、ポロポロ涙がこぼれてきた。きれいにつぶされるのと同時に敗戦である。そのあとが柳と灯ろうの新道路になって、吉井勇先生の「かにかくに」の歌碑がそのかみの名残りを惜しむように立っているのが、せめても古いぎおんへのはなむけであろう。(12)

祇園のなかの祇園――もっとも祇園らしい場所／景観ということだろうか――が、強制疎開によって「破壊」されたのだ。在りし日の祇園とその破壊の光景を、哀しみをもって懐旧する天外の目に、空地を再開発した道路わきに建つ吉井勇の歌碑は、せめてもの「はなむけ」と映ったのだった。

(二) 谷崎潤一郎の跡地探訪

昭和二〇(一九四五)年六月、岡山県の津山に疎開していた谷崎潤一郎は、京都から届いた手紙で、「多佳女が亡くなったばかりでなく、あの吉井勇の歌で名高い新橋の大友の家、――何十年来多佳女が住み馴れた、あの白川の水に臨んだ家までが、建物疎開のためにあとかたもなく毀《こぼ》ち去られた事実」を知る。(13)

翌昭和二一年六月二九日の夕刻、彼は吉井の歌を思い起こしつつ、「ありし日の大友の座敷を偲ぶ

図8－2　《祇園新橋》の強制疎開跡

ために毀ち去られたその家の跡」を探訪していた。南座の前から縄手通に入り、白川にかかる大和橋をわたって、しばらくして東へ折れると、そこが「大友のあった新橋の通りで、正確に云えば新橋通大和大路東入ル元吉町」である。[14]

大友はその通りの南側の、路傍に地蔵様が祭ってある所を一二軒行ったあたり、西から数えて二つ目の露地の奥にあったので、行って見ると、表通りは昔のまゝの家並みであるのに、ちょっと露地へ這入っただけですっかり様子が違っている。表通りから覗くと露地の奥が暗く見えたのに、今はぽかッと穴があいたように明るくなっていて、取り除かれた家のあとが蔬菜畑に化しており、盗賊避けの竹垣が囲らしてあるが、折よく一人の少年がその竹垣の一部を外したまゝ畑の土を掘り返しているので、私は中へ這入って行って、こゝが確かに大友の跡であるか否かを問い質した後、低徊これを久しゅうした。実は私は、家が潰されただけな

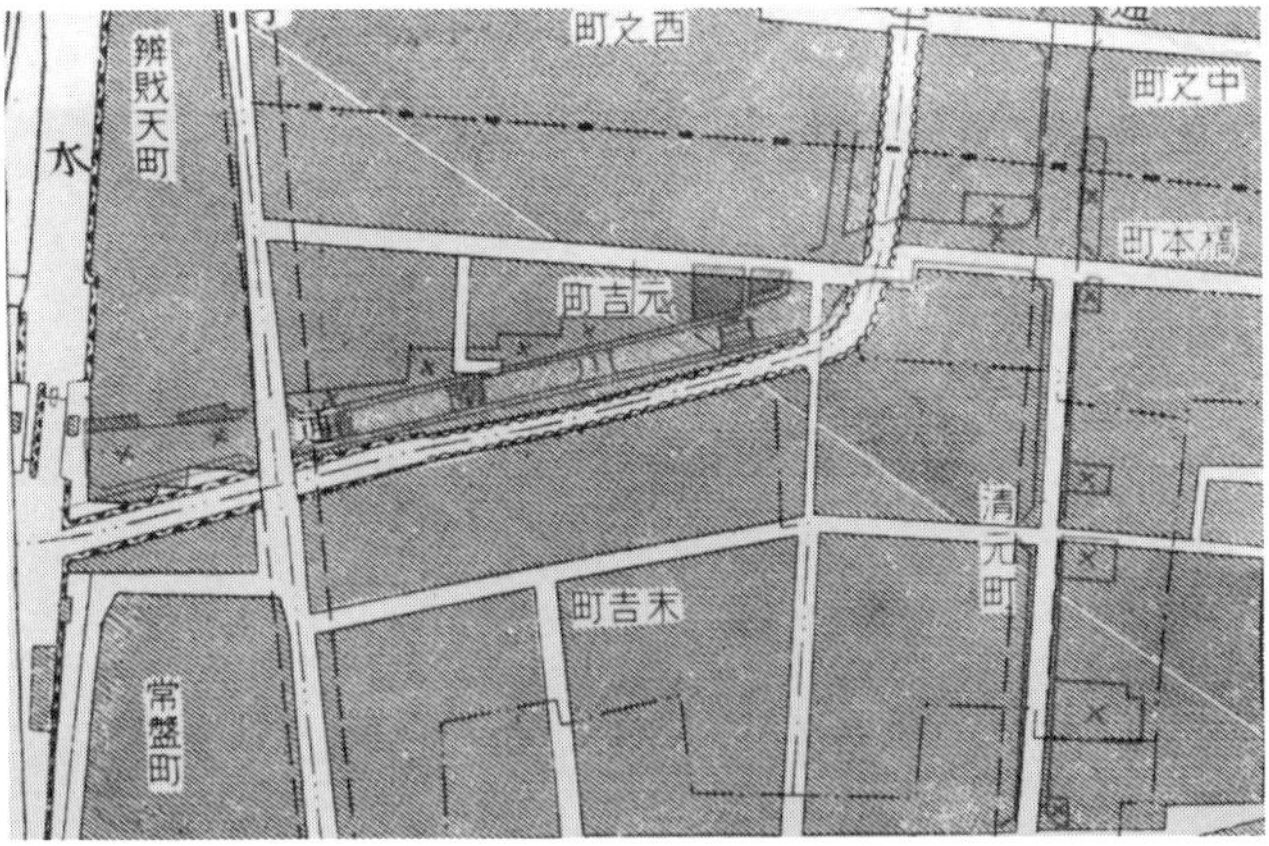

図8－3　白川南通の開発計画

ので空爆に遭ったのとは違うから、少しは思い出の種になるようなものが残っていそうに考えていたのであるが、こう云う風に完全に掘り返されてしまったのでは、何一つ残る訳はない[15]。

表の新橋通の家並は昔のままであったにもかかわらず、路地奥はぽっかりと穴があいたように明るく、跡地は蔬菜畑に転用されていた。「思い出の種」をなにひとつみつけることもできないくらい、破壊されていたのである。図8‐2をみると、まるでガリガリと爪でひっかいたかのように、白川沿岸の建物が除去されている様子を見て取ることができる。図8‐3には、計画道路として開発される「白川南通」の文字もみえる——白川北通と対置されているのだろうが、実際には白川の北側に位置する通を南と称するのは、いささか違和感を覚えざるをえないのだが……。

「京都市明細図」をみてみよう。谷崎のいう西から二番目の路地だと、やや西側に過ぎるだろうか。三番目の路地とも通じており、地図上では少なくとも「抜けられます」。歌碑の位置からすると、むしろ四番目の路地のように思われる。袋小路になったこの路地の、「六八」という大きな区画、あるいは「六九ノ四」（東側）と書かれた区画あたりが、大友の位置であると思われる。

（三）《祇園白川》の場所と景観

《祇園新橋》の路地奥——南側の白川沿い——に位置するお茶屋を「強制疎開」によって一斉に除去することで成立したのが、《祇園白川》である。両側町である元吉町を分割することで、背を向けられた格好となる奇妙な片側町の《祇園白川》が誕生したのだ。

桜や柳といった植栽、石畳、そして吉井勇の歌碑、昔と変わらぬようにみえるのは白川の流れだけだろうか。「祇園新橋伝統的建造物群保存地区」の範囲内にあり、「京都の情緒を楽しむには一番のスポット」とされるこの場所と景観が、「破壊」の歴史のうえに成り立っていることを、文学地図のなかにそっと書き込んでおこう。

第九章　「風流懺法」のあとさき
――《真葛ケ原》の京饌寮

一　京洛の漱石と虚子

（一）京に着ける夕

明治四〇（一九〇七）年四月九日から三日間、『大阪朝日新聞』の一面に「京に着ける夕（上・中・下）」と題する、夏目漱石の随想が連載された。『漱石全集』に収録された日記によれば、漱石はたしかに同年三月二八日に来洛し、そして少なくとも四月一〇日過ぎまで滞洛していたようである。(1)

「京に着ける夕（上）」では、「京は淋しい所である」という第一印象にはじまり、「始めて京都に来たのは十五六年の昔である。その時は正岡子規と一所であつた。麩屋町の柊屋とか云ふ家へ着いて、子規と共に京都の夜を見物に出た……」と、子規との初訪問を回想している。[2]

このときの漱石は、教職を辞して朝日新聞社に入社した直後であり、京都帝国大学の英文科教授への就任を要請した狩野《かのう》亨吉《こうきち》（一八六五－一九四二）の家に宿泊していた――漱石は着任を断っている。

「京に着ける夕（中）」では、

子規の骨が腐れつゝある今日に至つて、よもや、漱石が教師をやめて新聞屋にならうとは思はなかつたらう。漱石が教師をやめて、寒い京都へ遊びに来たと聞いたら、円山へ登つた時を思ひ出しはせぬかと云ふだらう。新聞屋になつて、糺の森の奥に、哲学者、禅居士と、若い坊主頭と、古い坊主頭と、一所に、ひつそり閑と暮して居ると聞いたら、それはと驚くだらう。[3]

と、在りし日の子規との交遊を思い起こしつつ、落ち着き先とその周辺人物に軽くふれたのだった。

再び日記をみると、漱石は翌二九日から四月九日にかけて寺社や名所旧跡を中心に、実に精力的に京都のあちらこちらを探訪していたことがわかる。この記録は、日記というよりはむしろメモというべき性格のもので、断片的な情報しか得られないものの、ひときわ目を引くのは、九日と一〇日の書き込みだ。

九日に漱石は高野から比叡山にのぼっており、途上で目にしたと思われる鯰料理で著名な「十一屋」、同じく古くからの料理屋として知られる「平八茶屋」という文字が書き付けられている。[4]

さらに翌一〇日には、再び「平八茶屋（雨を衝いて虚子と車をかる。渓流、山、鯉の羹《あつもの》、鰻、）」とある。文学史ではよく知られているように、九日の叡山行きは約二カ月後に連載のはじまる『虞美人草』の冒頭の描写のベースとなり、そして一〇日は旧知の高浜虚子に導かれて、平八茶屋へとでかけた記録なのであった。

（二）虚子に誘われて

実のところ、明治四〇年における漱石滞洛の様子は、彼自身の日記よりも、虚子の「京都で會つた漱石氏」から詳細を知ることができる。(5)

春雨の降るなか、七条の停車場《ステーション》に降り立った虚子は、三条大橋西詰に立地する萬屋に旅装を解く。すぐさま彼は、「少し以前から此の地に来てゐる筈の漱石氏に宛てた」手紙を書き送った。すると、まもなく返信があり、虚子は下鴨の狩野亨吉邸へと向かい、「一人つくねんと六畳の座敷の机の前」に座っていた漱石と対面する。

「何処かへ遊びに行きましたか」と問う虚子に、漱石はドイツ語学者菅虎雄《すがとらお》（一八六四－一九四三）の案内で寺ばかりをまわっていると答えた。虚子はとにかく昼食をとろうと誘い、山端《やまばな》の平八茶屋へと出かける（図9－1）。そこで話題にのぼったのが、四月発行の『ホトヽギス』に掲載された虚子の「風流懺法《ふうりゅうせんぼう》」である。漱石はこの作品を「推賞して、かういふ短篇を沢山書いたらよからうと言つた」。このとき漱石は、その夜まさか自分が（「風流懺法」に登場する阪東君のごとく）祇園で舞妓

図9－1　山端 平八茶屋の外観

たちと戯れることになろうとは、夢にも思わなかったはずだ。

平八茶屋で虚子は、「漱石氏が折角京都に滞在してゐて寺ばかり歩いてゐると聞いた時、私は今夜せめて都踊だけにでも氏を引つぱつて行かうと思ひ立つた」。それに対し、「無造作」に同意した漱石をとりあえず自分の宿（萬屋）に連れ帰った虚子は、そこで思いがけず漱石の奇行を目の当たりにするのだが、ここでは措く。

一緒に風呂に入った二人は、「雑談をして大分長い時間」を過ごしたあと、夕食を済ませて都踊の見物にでかける。

二　漱石、祇園に遊ぶ

（一）都踊から一力へ

先に引用した漱石の日記には、「平八茶屋」につづいて「都踊」という語句があり、そのすぐあとに「他筆」で、次のような文が記されている。

図9-2　一力の外観（加藤藤吉撮影）

ふとんきてねたるすがたやふるめかしおきてはるめくちおんいんのそのろーもんのゆーぐれにすいたおかたにあいもせですかぬきゃくしゅーによびこまれ山寺のいりやいつぐるかねのこへしょーぎょーむじょーはまゝのかはわしはむしょーにのぼりつめ花のいたゞきどれいてみよー花ハうつろをものなれどさこそおしけれおしけれさこそいろふかみぐさ。(6)

さらには「〇一力亭。芸者が無暗に来る。舞子が舞ふ。」ともある。都踊の鑑賞後、何となく物足りなさそうな漱石に対し、虚子が今度は「『風流懺法』の一力に行つて見ませうか」と誘うと、漱石も「え丶行つて見ませう」と応じたことから、はからずも二人は祇園を代表するお茶屋の一力に登楼する（図9－2）。座敷には「風流懺法」に登場した大半の舞妓が顔を見せ、まるで「風流懺法」を再現するかのようなお座敷遊びが展開されたのだった。

漱石は「その手に携へてゐた画家が持つやうなスケッチ帳を拡げて舞子に何かを書かしてゐた」といい、虚子はそれをある芸妓が「淋しい声で歌つた唄の文句であるらしかつた」と述べている。先ほど引用した漱石の日記にある平仮名で記された「他筆」の唄は、おそらくこのときのものなのだろう。

「それでい丶、なか〳〵千賀菊さんは字が旨いね。」など丶漱石氏は物優しい低い声で話してゐた。千賀菊といふのは『風流懺法』で私が三千歳と呼んだ舞子であつた。

多くの舞子が去つた後に残つてゐたのは、此の十三歳の千賀菊と同じく十三歳の玉喜久との二人であつた。二人とも都踊に出る為めに頭はふだんの時よりももつと派手な大きな髷に結つてゐた。花櫛もいつもよりももつと大きく派手な櫛であつた。蠟燭の焔の揺らぐ下に、其大きな髷を俯向《うつむ》けて、三味線箱の上に乗せたスケツチ帳の上に両肱を左右に突き出すやうにして書いてゐる千賀菊の姿は艶《あで》に見えた。(7)

図９－３　右 玉喜久、左 千賀菊

(二) 漱石の「雑魚寝」体験

夜がふけるとともに、座敷をにぎわせた芸妓や舞妓はひとりまたひとりと姿を消し、最後に残ったのは、「風流懺法」のヒロインである三千歳（千賀菊）と、同じく「風流懺法」に登場する玉喜久という、ともに一三歳の舞妓だけとなった（図９－３）。都踊に出演したままの姿で、新進気鋭の二人の文士の目を楽しませていたのである。

そして、とうとう「私達は其夜は此の十三歳の二人の少女と共に此の一力の一間に夜を更かして其まゝ眠つて了つた」のだ。

驚くべきことに漱石は、初めて遊んだ祇園花街で、現在は絶えて久しい花街独特の風習「雑魚寝」を経験したのである。

翌朝の漱石の様子を、虚子は次のように記している。

……私は今朝漱石氏がまだ何も知らずに眠りこけてゐる玉喜久の濃い二つの眉を指先で撫でながら、

「もう四五年立つと別嬪になるのだな。」と言つてゐた言葉を思ひ出した。私は京都に来て禅寺のやうな狩野氏の家に寝泊りしてゐて、見物するところも寺ばかりであつた漱石氏を一夜かういふ処に引つぱつて来た事に満足を覚えた。(8)

後日、漱石は虚子に宛てた手紙のなかで、次のような感想をもらしている。

……「京の都踊」、「万屋」、面白く拝見、一力に於ける漱石は遂に出ぬように存じ候。少々御恨みに存じ候。漱石が大に婆さんと若いのと小供のとあらゆる芸妓にもてた小説でも写生文でも御書き被下度と存候。近来の漱石は色の出来ぬ男のように世間から誤解被致居り大に残念に候。(9)

この手紙にしたがうならば、漱石は帰京してから『ホトトギス』四月号に掲載された「風流懺法」を読んだことになる。(10) すると、山端の平八茶屋で、このような短編をたくさん書くべきと褒めたときは、未読だったのだろうか。いずれにせよ、漱石と会うよりも前に「風流懺法」は完成していたわけで、作中に漱石の出る幕などもとよりなかったはずであるのだが、漱石本人はといえば、「一力に於ける漱石は遂に出ぬ」ことを残念がって、小説でも写生文でもいいから、自分が芸妓や舞妓に「もてた」様子を書いてほしいと懇願するのである。

このて紙を受け取ったからなのかどうかはさだかでないけれども、このときの経験は、「続風流懺法」のモチーフとなっているように思われる。

三 《真葛ケ原》の京饌寮

(一) 虚子と三千歳の再会

昭和初年の京都風景を、市内に在住する大学教員、画家、芸妓など、多彩な面々が綴った随筆集『京都新百景』に、「真葛ケ原から――昔知つといやす人にあんまりな変り方」と題した一節が含まれている。著者の欄には、「京饌寮《きょうせんりょう》 田畑あい」とある(11)。おそらく「京饌寮」も、そして「田畑あい」という人物も、現在ではほとんど知られていないのではないだろうか。

けれども、昭和戦前期の京都にあって京饌寮の田畑あいといえば、それなりの有名性があり、こと文人たちのあいだでは比較的よく知られた存在であった。なぜなら、女将である田畑あい(一八九五―一九五八)は、高浜虚子の小説「風流懺法」「続風流懺法」「風流懺法後日譚」に登場するヒロイン(舞妓 三千歳)のモデルとなった女性なのだから(12)。

虚子は、「風流懺法後日譚」のなかで、阪東君への知らせという体裁をとって、三千歳のその後を描いた。文中には、「雑魚寝と申せば漱石先生おかくれ遊ばし候事承り驚入申候。あの方が漱石先生で在せしこと、その後になつて人から聞き申候」という、三千歳からの手紙の文面も引用されていた。そして物語の結びでは、「三千歳のお三千が三人の子供を抱へて、京の四季に出て来る寺の下に今でも住んでゐる」という近況が語られる。「京の四季に出て来る寺」とは、長楽寺のことであろう[13]。「風流懺法後日譚」から数年後、虚子が《真葛ケ原》に田畑あいを訪ねたことをきっかけとして、その夫（田畑比古）ともども句作を通じた交流が再開される。昭和二（一九二七）年のことだ。

円山の隣の花のあるじ哉　　虚子

をとどしの春どした、玄関へでて見ましたら先生どすがな「おめづらしい、ようこそ」こんな短い挨拶どしたけど、先生の御達者なお顔を見てうれしおしたえ[14]。

虚子の勧めで句作をはじめた彼女は、俳名を「三千女」と決めて、のちに数多くの句を残すことになる。虚子の『新歳時記 増改版』にも、三千女の句が多数採録されているのは、そのためだ。

京に来て京饌寮の春の雨　　虚子

『ホトトギス』昭和三年九月号に掲載された「京洛の暮春の三日」によれば、[15]春雨のなか京饌寮で句作したとあるので、この句はそのときのものかもしれない。また、

句の席に主夫婦や春の雨　　虚子

とあるのは、もちろん京饌寮の主、田畑比古・あい夫妻のことである。その際に三千女こと田畑あいもまた、

休日によく降ることよ春の雨

と句作し、「先生や皆さんにほめてもらひました」と述懐している。[16]「京饌寮といふと何となく厳めしく聞えるけれども、実は京独特の鯡《にしん》料理を食べさせる家」であると解説した吉井勇は、[17]「虚子入洛京饌寮のおぼろかな」という句を詠んだ――虚子と京饌寮の強い結びつきがうかがわれる。吉井の言葉にあるように、京饌寮は当時、鰊料理で知られる料亭であった（図9－4）。

さきの御大典に御賄所であつた建物を真葛ケ原へ移し建てたのが、その名も床しい京饌寮であ

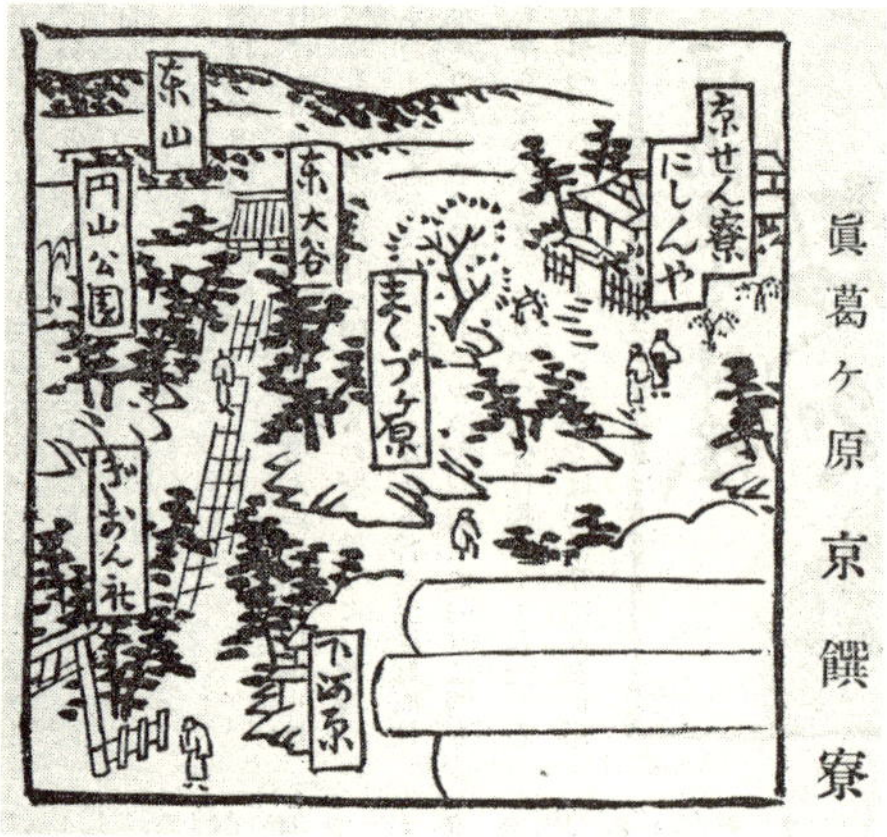

図９－４　真葛ケ原の京饌寮

る。

　鰊の煮つけ、とろゝ汁、梅椀、猪口、漬物、御飯、これで九十銭。ほかには何も出来ないといふにしんやで通る、にしん料理の専門の家である。

　古来鰊は京都人の常食として深い馴染あるもの、鰊の煮方が上手であることがお嫁さんに一つの資格を与へてゐたとまでいはれる。その鰊料理を一枚看板に吟味するのだから、軟かく味のいゝことは当然であり、自慢でもあり、評判でもある。……〔略〕……虚子始め同門の往来繁く、どのお座敷にもよい意味での俳味があふれてゐる(18)。

　鰊料理の専門店というのは、当時もいまも他に類をみなかったのではないだろうか。のちに精進料理がくわわり、虚子がそれを「俳諧料理」と名づけ、看板や額に揮毫した。それらを目にした吉井は、次のような感想をもらしている。

「俳諧料理」と書いた表の看板をはじめ、座敷に掛かつてゐる額も、雲板の中に入つてゐる色紙も、みんな虚子氏の書いたものばかりで、先づその家に入つただけで、あの懐かしい「風流懺法」の匂ひが、ゆきずりに嗅いだ伽羅の香のやうに、ただよつて来るのが感じられる。そこにはあの「一念」の姿はみられなかつたが、あの美しい「三千歳」の面影は、まだ何処かに艶めかしさの残つてゐる女将の姿から見出すことが出来るのだつた。[19]

吉井はその後、「数回出掛けてゆく機会を得て、虚子氏の所謂『俳諧料理』の淡々たる味に親しむことが出来た」という。

(二)《真葛ケ原》の近代風景

『京都新百景』に田畑あいが寄せた随想のタイトル、あるいは図9－4に示されるように、京饌寮は《真葛ケ原》に立地していた。移り住んだ当時について、彼女は次のように振り返る。

　長楽寺の家を下りてこゝへ来ましてからもうざつと八年、早いもんどすな。そのころ真葛ケ原はそれは淋しいもんどしたえ。御近所というても監水先生（芭蕉堂）と小文さん（西行庵）倶楽部にお向ひのおばはん（菊渓亭）とこ位どした。石屋はんの音に夜があけ、双林寺さんのおつとめに店をしめるのどした。
それでも秋になると萩の間に床几が出たり、篝が焚かれたりして、ほんまに風流なもんどしたえ。高台寺さんの藪が屏風のやうに、家のうしろをとりまいて、その裾を菊渓川がちよろ〳〵流れてたんどす。[20]

吉井勇が「昔は秋になるとこの真葛が原には、萩の間に床几が出たり、篝火が焚かれたりして、如何にも京らしい情趣があつたさうであるが、今ではさういふ風流は、もう何処にも見られなくなつた」と述べるのは、[21]この「真葛ケ原から」を受けての感想であろうか。

歴史的にみると、「真葛原は祇園林のひがし、知恩院の南をいふ」（『都名所図会』）、「知恩院の山門のまへより南、円山長楽寺のほとり祇園林までをいふならん」（『拾遺都名所図会』）、「祇園林よりひがしハ円山門前に至り北ハ知恩院山門の辺より南は東大谷の辺までをいふ」（『花洛名勝図会』）などと説明される範域にあたるのだが、「京らしい情趣」ないし「風流」はもはやどこにもみられないと指摘されるごとく、昭和初年の《真葛ケ原》は、その趣を大いに変えていた。

たとえば、

……西行庵といふのは真葛ケ原にあつて、今では直ぐ前が市の音楽堂になつて居て、そのあたりにも、京饌寮をはじめとして、澤山の家が建つて居て、あまり寂しいところでもなくなつたが、元はこの西行庵と直ぐ隣りにある芭蕉庵位なもので、ほかはお寺があつた位のもので、全体が寂しいところであつたやうに記憶する。(22)

と、虚子が「満州行前記」に記したように、「京都らしい閑寂さ」(吉井勇)は失われて久しかったのである。こうした変貌をまさに目の当たりしていたのが、田畑あいその人であった。

…〔略〕…それが五年前に火事でお座敷だけ焼け新だちになる時分、山の稚児ケ池にゆく道ができ、裏の藪が切りひらかれて十何軒かの席貸が建つたんどす。

真葛ケ原には珍しかつた自動車が、ぎようさん来ますし、祇園閣、音楽堂と、けつたいなもんが建つて、あんまり〔の〕変り方に、昔知つといやす人はびつくりおしやすえ。(23)

五年前というから、虚子との再会をさらにさかのぼる時期の出来事であったろうか。火災をきっかけに、周辺には席貸ができたという。事実、「円山公園真葛ケ原双林寺前の新らしい建物＝酔月《すいげつ》＝これはお手軽な休憩所兼席貸である」といった広告記事もあるので、(24)昭和初年の《真葛ケ原》南端は、新興の席貸街となったのだ。「夜が更けると歓楽の夢をのせたナッシュにシボレー、パッカード、陸続として遊客と芸妓とを戸毎に運んで来る」という松川二郎の描写した席貸街(＝《下河原》)の光景が、(25)ここにも出現したわけだ。

図9－5　円山野外音楽堂と祇園閣

そればかりではない。向かい合うように立地するモダンな祇園閣と円山公園音楽堂とが、「昔知つといやす人」を「びつくり」させるほどに、景観を改変していた（図9－5）。「あんまりな変り方」、それが随筆のサブタイトルであった。

（三）「風流懺法」その後

高浜虚子の小説「風流懺法」には、語り手の友人と思われる「阪東君」なる人物が登場する。虚子自身が「私は一月前齋藤知白君と叡山に遊び、叡山を下りてから、一足さきに京都に来てゐた知白君と一緒に一力に舞子の舞を観て『風流懺法』を書いたのであつた」と述べているので(26)、阪東君は俳人の齋藤《さいとう》知白《ちはく》（一八七一－一九三三）であったとみてよい。

ところが、「続風流懺法」に登場する阪東君は、『虞美人草』を構想するために滞洛し、虚子に導かれて一力に登楼した漱石その人のように思われる――「風流懺法後日譚」では、「風流懺法」の阪東君に戻っているのだが……。

「風流懺法後日譚」の手紙のなかで、三千歳は「阪東さん」と「漱石先生」を別人として言及している。つまり、「風流懺法」における阪東（＝齋藤知白）と、この小説の掲載直後に一力で雑魚寝した漱石とを、きちんと区別している。だが、田畑あいとして「真葛ケ原から」を記した三千歳は、その末尾を次のように結んでいた。

　「風流懺法」のお話どすか、あの時は十三どした、もう二昔どす〔。〕一力へ先生とよう一緒においでやした阪東さん（我輩は猫）もお死にやしたし。
　「帯はだらり」「髷は京風」こんなことをいうてた玉喜久さんも死なはりました。松勇さんだけが吉勇と呼んでまたでてはります。そのほかのお友達の噂はちよつとも聞きまへん。私の好きな一念はんどすか、サアどうでつしやろ？[27]

愛した一念についてはとぼけつつ、阪東さんにあえて「我輩は猫」と注釈をくわえている。これは「続風流懺法」における阪東のモデルが、漱石であったことを示唆していると考えてよいだろう。少なくとも、この文章が書かれたとき齋藤知白は存命であった。

　その漱石が亡くなったのは、大正五（一九一六）年のことだ。歳月の流れを感じさせるむすびである。

第十章　縁切りのトポスと「愛の空間」
――安井金毘羅宮とその周辺

一　近松秋江の《安井》

（一）境内を突き抜けて

本書でいくどとなく登場した小説家・近松秋江の代表作をひとつだけ挙げるとするならば、短編ながらも、やはり「黒髪」ということになるだろうか。大正期の《祇園》周辺を舞台に、ひとりの女性にいれあげる「私」（すなわち作者の秋江自身）の痴情が、なまなましく描かれる。

女に金を送りつづけた「私」が、たまにははるばる訪ねて行っても、女は母親といっしょになって体よくかわし、いっこうに真意を引き出すことができない。遂げられぬ想いを悶々と抱えて激しく揺れ動く心情、そしてその「私」の行動とを、秋江は京の街々にそっと縫い込むかのように叙述していく。

表通りよりも路地裏を、さらにはその路地の石畳を、そして女がひそむ家の戸口を、よりいっそう繊細に描く秋江。表通りの喧騒よりも、木戸一枚をはさんで部屋にひそむ女の息づかいを聞き取ろうとする「私」の姿の方が、よほどリアルである。

「黒髪」に描かれる「私」の痴情は、「狂乱」・「霜凍る宵」の主旋律となり、「二人の独り者」や「旧恋」などへとスピンオフしていく。[1] 一連の作品のなかで、その舞台のひとつとなるのが、序章でもふれた《祇園》のすぐ南側に位置する安井金毘羅宮とその周辺——通称《安井》——なのであった。

谷崎潤一郎は、『黒髪』（昭和二二年、創元選書）に寄せた序文で、秋江の叙景について次のように述べている。

……こゝでは女主人公の京女や、その母親や、そのほかちよつと顔を出すだけの重要ならざる人物までもが生き〳〵とした風貌を以て迫つて来、あの安井神社附近の妾宅の多い路地の光景や、季節々々の京の風物などまでが、さりげなく描き出されてゐるのである。[2]

その、「安井神社附近の妾宅の多い路地」、すなわち、「祇園に近い安井天神の片ほとり、見すぼらしげなる路地裏の二階に、西鶴の浮世冊子にあるやうなわび住ひ」をしていた秋江を、大正八（一九一九）年の秋、吉井勇が訪問していた。

訪ねて行つて見ると、そこらはいはゆる「雇仲居」と称するものの巣窟であつて、階下の座敷はいふまでもなく、向ふ三軒両隣、すべて住んでゐるものはさういふ妖怪変化ばかり。秋江君はその中で、支那焼の中々高価だと思はれる、大きな海鼠の火鉢をかかへながら、まるでその巣窟の主のやうに泰然として控へてゐるのには、先づ私の方が度胆を抜かれた。(3)

雇仲居の巣窟のどまんなかに、その「主」のごとく秋江は下宿していたという。《安井》に見え隠れする女を執拗に追いかけ、みずからも暮らした経験が、あの緻密な描写にそのまま活かされていることは疑いえない。

「黒髪」につづく「狂乱」には、次のようなシーンがある。

私は、心に勇みがついて、その足で直ぐ金毘羅様の境内を北から南に突き抜けて、絵馬堂に沿ふたそこの横丁を、少し往つて更に石畳みにした小奇麗な路地の中に入つて行つて見ると、俥屋の女房は小さい家だと教へたが、三四軒並んだ二階建の家のほかには、なるほど三軒つづきの、小さい平家があるけれど、入口の名札に藤村といふ女の姓も名も出てゐない。それで又引き返してもう一度俥屋にいつてもつと委しく訊くと、その三軒の平家の中央の家がそれだといふ。(4)

安井金毘羅宮の境内を、少し心はずませて小走りで駆けていく秋江自身の姿が、目に浮かぶようだ。「三軒の平家の中央の家」――それはもちろん、「二人の独り者」の田原が突き止めた、あの家である。ただし、「狂乱」の主人公（「私」＝秋江）は、女の母親を尾行していた田原とは異なり、最短の経路でアプローチしている。「境内を北から南に突き抜けて」という描写などは、やはり周辺の地理を熟知している秋江ならではであろう。

ここであらためて、秋江作品の舞台となった安井金毘羅宮とその周辺環境を確認しておきたい。

（二）桝形道路の《安井》

上知令によって収容された土地を開発して、市内有数の花街へと発展した祇園町南側は、現在、京都市市街地景観整備条例にもとづく歴史的景観保全修景地区として、景観の保全・修景計画の対象となっている。厳格なコードによって、「京都化」する景観がつねに／すでに再現されており、観光客の視線《ツーリスト・ゲイズ》をひきつけてやまない。(5) この「京都固有の町並み景観の粋」を表象する街区から、目と鼻の先にあるのが安井金毘羅宮だ。

地図をみるとよくわかるのだが、神社の境内を囲繞するように、ある種の桝形道路が形成されている。社殿から八坂の塔の方に向かって延びる細長い通路が表参道であることからすると、囲繞する道路はあとから開発されたのだろう。この桝形が、物語のさまざまな場面設定を可能にする。

図 10－1　安井金毘羅宮境内の「悪縁を切る碑」

女の母親を尾行する田原の足取りをたどったのでは、直接、境内に入ることはできない。西南部は、建仁寺から連続する寺院群の境内によって遮断されているため、《安井》からの／への抜け道もない。東は（自動車交通の繁華な）東大路によって、高台寺側の街区とは完全に分断されている。つまり、《安井》全体が袋小路のような空間なのであり、実際、境内の周辺には袋小路もあれば、桝形ゆえの遠見遮断の道路もあり、周縁的であるばかりか、そこはかとなき奥性をも有している。金毘羅宮に参詣するのでないかぎり、訪れる人はほとんどいないような空間性を備えているのだ――昔も今もまったく別の目的で訪れる男たちがいることについては、このあとに少しだけ述べる。いずれの場合も、近松秋江の作品舞台であることを意識する人は稀であろう。

ところが、である。この約一〇年のあいだに、安井金毘羅宮はすっかり有名な観光スポットとなった。理由は（時とともに外形を変えもする）この石である（図10－

1)。脇に建つ銘板に示されるように、「悪縁を切る（縁切り／縁結び）碑《いし》」なのであった。程度の差こそあれ、「縁結び」に集客力があるのはいづこも同じであろうが、「縁切り」によって差異化される効験は格別なのだろうか。碑につづく参道に、行列ができることも珍しくない。観光と参詣とが合一した、たぐいまれなる現代の物見遊山といったら、もちろん言い過ぎなのだが、この人気は周辺の人の流れと境内の雰囲気を変えるには十分であった。

桝形道路にかこつけて、境内の隔絶性を指摘したばかりだけれども、地理的なコンテクストとしては、《祇園》に隣接する空間性も無視することはできない。アーバン・プランナーとして名高い石川栄耀が、近代都市の発展を説明する際に「周溢性展延」なる語句を用いたことがあったが、ここまでにみてきたとおり、たしかに《祇園》の周辺には、花街的なる文化が横溢・展開して、花街の延長線上に位置する空間、あるいは擬制的な花街空間が出現することもあった――《円山》・《真葛ケ原》・《下河原》などを想起されたい。

《安井》が、花街である《祇園》の周縁空間であるという特性は、近松秋江の作品や吉井らの言葉にも見て取ることができるし、秋江をさかのぼること約一七〇年、若かりし本居宣長が滞洛した時分にも、すでにあらわれている。たとえば、宣長は宝暦六（一七五六）年四月八日の日記で「……此安井までの新地こそ、去年まて野にて侍りける所の、にはかに家居立ならひて、此春はひまなくつゝきてまちに成ぬ、東西かわ共に、れうり茶屋、娼家なとに成ぬ」、同じく宝暦七年一月九日には「抑このこんひらの社は、近年いたく人の信し奉ること、檀王の主夜神のことく也、ことに青楼娼妓のたくひの、とりわき信仰して、うかれめあまた参り侍る也」と記した(6)。

境内の周囲には、料理茶屋や娼家が軒をつらね、社は妓たちの信仰を集めていた。参詣に来るのは、近傍花街の妓のみならず、「白人」(＝素人の娼妓)も含まれていたようで、彼はそうした女性を観察することを密かな愉しみとしていたのだった。

川柳作家の岸本水府は、知恩院の境内(北東の高台)に「濡れ神さんといふ稲荷さんがあつて花街の人達が縁結びの祈願を籠めに詣る」と指摘しているが(7)、信仰に厚い花街の関係者は、周辺に立地する神社を選んで、祈願することも多かったようだ。安井金毘羅宮も、ふるくからそうした信仰を集めていたのだろう。

ただし、すでにみたように(じつは濡髪神社も該当するのだが)安井神社は縁切りのトポスでもあった。境内に併設された金毘羅絵馬館に、この神社の性格を物語る古い絵馬が残されている(図10－2)。

わたくし儀多く男さんを持つてこりました〔。〕此度心を相あらため男さんは一切御断私しの心あかすため男さん相立候ゆへにて申候へば心の内がしれずこれにより右次第を私しの心ならびに髪毛を奉納し今日より改心いたし候、但三ヶ年間之事
五十四歳　願主　前野　明治二十二年丑十二月

図 10－2　奉納された絵馬

いわゆる断捨離（男捨離？）宣言とも読むことができるのだが、これなども「絶縁」の碑と通ずるものがある。

二　席貸街としての《安井》

近松秋江の《安井》について、谷崎潤一郎は「妾宅の多い路地」であるといい、吉井勇は向こう三軒両隣、そこに住む者はすべて「雇仲居」と称される「妖怪変化ばかり」であると述べた。昭和二〇年代後半に、京都の花街をかけ足でまわった小説家の舟橋聖一は、道中の最後に《安井》の雇仲居倶楽部を訪問して、その実情を報告している。[8] 昭和三三（一九五八）年に売春防止法が施行される以前のこと、《安井》の雇仲居もまだまだ隆盛をほこっていたのだろう。

臼井喜之介は《安井》について、「粋な趣の町で、昔は京名物の雇仲居（やとな）をよんで散財する人も多かったものだ」、と過去形で語る。昭和三〇年代後半のことだ(9)。おそらく、この時期を境にして、《安井》は雇仲居の「巣窟」ではなくなっていったものと思われる。

この臼井の短い一文には、注目しておきたい点がひとつある。それは、吉井勇らの語りとは異なり、《安井》が雇仲居の居住空間としてではなく、彼女たちを呼んで遊楽する場として回顧されていたことだ。では、雇仲居をいったいどこに呼んでいたのだろうか？

近代の《安井》を知るうえで、便利な一冊がある。安井神社を紹介した『史蹟趣味 安井神社 金比羅』で、その巻末にある「安井互助会員」には、神社周辺に立地する事業所が記載されているのだ(10)。そこには、雇仲居倶楽部七件のほかに、計六二件の席貸が書き上げられていた。席貸には、祇園町南側に立地する四件も含まれるが、いずれにしても、《安井》は市内有数の席貸の集積地区だったことになる。

おおまかな位置情報も得られるので、その分布をみると、境内の西側に多く、桝形道路の北通りや南通りにはほとんど立地していない。地区内でも裏通りに集積していたことになる。また、《下河原》・《上木屋町》・《下木屋町》では列状に建ち並んでいたが、《安井》では境内を囲むように面的な広がりを有している点に特徴がある。

《安井》が席貸の集積地区であることをふまえるならば、次の文章の意味もおのずと理解できるであろう。

この辺りを通られた人はご存じの通り一軒々々みな家の構へが違つてゐる。窓の形式を変へ戸口の按配を工夫し障子の桟の組方までも同じからぬ工夫をしてゐる。その代表は安井神社を中心に建てられた小家に特にいちじるしい(11)。

これは、画家の堂本印象が「近代風景」として皮肉まじりに描写した《安井》の建築景観である。洒落た飾り窓や破風をあしらった玄関を持つ小家、それはまぎれもなく席貸なのであった。あらためて「京都市明細図」をみると、神社を囲んで紫区画の集積していることがはっきりとわかる。緑区画の現存する建物にも、洒落た造りが少なくない。他地区の席貸とも趣を異にしていることから、堂本印象が着目した「近代風景」は、《安井》という場所に固有の建築様式が背景にあったものと思われる。

三　絶縁を攻囲する「愛の空間」

安井金毘羅宮の境内を取り巻いて、雇仲居とともに遊楽の空間をかたちづくっていた席貸は、昭和四〇年代以降、一貫して減少をつづけてきた。席貸としての機能を失った建物は、一般の住宅やアパート、あるいは商店へと転用されてゆく。

その一方で、部分的に派手な外観をまとって新たに登場してきたのが、「温泉マーク（♨）」と通称される連れ込み旅館、のちのラブホテルであった。第二章でも引用したように、「祇園の南端から、安井神社のうら一帯には、この温泉マークが林立し、普通の男女でこの辺を歩いていて、知人に逢えば誤解されそう」な場所へと変じたのである(12)。

一見さんお断りの雰囲気もある席貸は、「馴染み客の利用だけを待っていたのでは効率が悪いので、いち早く同伴ホテルに改装したのが、現在の安井（東山区の祇園の南）のホテル街の前身」であると指摘されるとおり(13)、全国的な流行を反映するかのように、昭和三〇年代を通じて《安井》はホテル街へと急速に変貌した。

なかには、席貸として利用された建物を建て替えることなく、木造瓦葺のままホテルに転用した例もあるし、席貸から「事務所兼共同住宅」を経て、ホテルとなった建物もある。舟橋聖一が訪問した安井倶楽部は、「急な梯子段を上つて、二間つづきの大部屋」が、雇仲居として登録されていた女性たちの寝起きする場所になっていたというから(14)、この「事務所兼共同住宅」もまた、おそらく雇仲居倶楽部の事務所として使われていたのだろう。

桝形道路を中心とした席貸街の面的なひろがり、風俗型宿泊施設の裏通りに立地する傾向、くわえて《安井》の席貸は規模が大きく個々の土地区画もひろかったことなどが要因となって、ホテル集積の受け皿になったと考えられる。

こうして絶縁の祈願所は、（井上章一の言葉を借りるならば）「愛の空間」に攻囲されるところとなった[15]。雇仲居倶楽部は消えてひさしいものの、周辺には派遣型風俗産業の事業所が立地展開しており、愛のない性行為が日夜繰り返される空間と化しているのが現状である。これを、本居宣長が目にした娼家以来の場所の系譜に属するものとみなすならば、雇仲居倶楽部－席貸の二業からなる遊楽の空間は、まことみごとに再現されているというほかはない……。

ここはやはり、遂げられぬ偏執的恋に身も心も悶えさせた秋江に立ち返り、本章を閉じることとしよう。席貸の用途を誰よりも理解していた北條秀司が、《安井》の戦後風景に「黒髪」をかさねて、次のように記している。

定宿から近いためか、建仁寺の周辺をよくあるく。建仁寺の裏門から安井の金毘羅宮にかけての小暗い道は、ところどころ××ホテルと書かれたネオン看板が暗闇を奪ってはいるけれど、まだ昔ながらの古風な席貸が暗く軒を並べ、廓びとが住む小路が森閑とふけしずまっている[16]。

ここでいう「定宿」とは、神幸道にある、あのおばあちゃんの宿であった。未世子さんとも、歩いたのかもしれない。温泉マークはもはやないけれども、「古風な席貸」は今も建ち並んでいる。

そうした界隈の夜をあるいていると、わたしはかならず近松秋江の「黒髪」という小説を思いうかべる。あの小説ほど京の夜寒を活写した作品はない。その主人公である中年男は、やとな級の遊女を買い馴染んで、いっさいを注ぎこんでしまい、そのうえ、女に逃げられてしまうが、どうしてもあきらめ切れず、執拗にその行方を探そうとする。霜凍る寒夜、安井近辺の小路小路を一軒一軒探しまわって、それらしいと感じた家の格子の間へイモリのようにくっついて、何時間も女の気配を待っている。その凄まじいまでの痴愚が隠すところなく描かれている。女とその母親の冷情が氷のように胸を冷やす。わたしはこの小説がじつに好きであり、秋江という先輩がじつに好きである。安井の夜をあるきながら、秋江氏が、いや、主人公が、ヤモリのようにくっついている姿を思いうかべ、何びとがその人を嘲笑できるだろうかと、いつも思う(17)。

ヤモリのように壁に張り付き、息をひそめてなかの様子をうかがう秋江。そんな姿を思い浮かべるにたる景観／空間上の素材は、まだまだじゅうぶんに残されている。作品世界を映し出す風景の一端から、一瞬でも「私」の姿を垣間見たならば、それはおのが姿とみまがい、笑うことなどできないはずだ。谷崎潤一郎も、こう述べていた――「此の主人公を馬鹿だと云ふ者があつたら、僕は声を大にして云はう、「さう云ふ貴様こそ大馬鹿者だ」と(18)」。

第十一章　紙屋川の料理茶屋
――《平野》と《北野》のはざまで

一　歴史空間としての平野門前通

（一）紙屋川の納涼

旧市街地の北西端、《平野》に位置する官幣大社・平野神社の境内は、春になると大勢の花見客で賑わう。現在は、西側にも参道口があるものの、神社の表参道は、境内東側の楼門・鳥居から、ほぼ東の方角へ真っすぐにのびる平野門前通にほかならない。

今出川通から西大路通に出るバイパスとして利用する自動車も多く、朝夕は立命館大学に通う学生たちが自転車を駆る。紙屋川周辺の開発も進み、マンションやアパート、戸建ての住宅が建ち並び、殺風景とはいえないまでも、没場所的・没歴史的な景観が現出するところとなった。

この通りは当初、「平野新道」とも呼ばれていたらしい。それは、豊臣秀吉によって築かれた御土《おど》居《い》を切り通してできたからであり、「いま北野より平野にいたる切通の道は、天満宮八百五十年の時はじめてひらきたり」という(1)——北野天満宮の創建は九四七年、単純に八五〇を加算すると一七九七（寛政九）年となる。交通が繁華となるのにあわせて、便をはかったということだろうか。北野天満宮からみれば裏通りにあたるこの道路も、平野神社のれっきとした表参道なのであった。そして、今の景姿からは容易に想像することができないけれども、歴史をさかのぼればそこに、何とも艶めいた風景がたちあらわれる。

たとえば、明治一〇（一八七七）年の新聞記事を参照してみよう。

> 西京平野神社境内の涼みハ紙屋川の中へ床几を並べて篝火をたき〔、〕料理屋水屋其外喰ひもの見世〔店〕なども出て〔、〕なか〳〵賑やかで有りますと(2)

今から約一二〇年前、なんと紙屋川のなかに床几を並べて、涼みをしていたという。かがり火がたかれていたというのだから、夕涼みであろう。料理屋や露店なども出て、賑わいを呼んでいたらしい。現在の景観からすれば、にわかに信じがたい光景であるのだが、この場所の〈遊楽〉の歴史は、もっとずっと古い。

（二）紙屋川の二軒茶屋

明治一〇年の川涼みから一七〇年ほどさかのぼろう。宝永元（一七〇五）年に京都に立ち寄った土佐藩士（儒者）の谷重遠は、その日録『東遊草』の五月一三日の項に、「社頭美尽し、鳥井の前に茶屋有、遊女多し」と記している。(3) 平野神社鳥居前の茶屋と遊女、まるで花街のような取り合わせだ。

鳥居前の紙屋川を挟んだ一帯は、どうやら元禄年間に色めいた雰囲気をかもしはじめたらしい。のちに「直に平野へ趣候に谷川有て腰掛茶店多有、佳景なり」（木村探元『京都日記』一七三四年）と称賛されたように、(4) 谷川（紙屋川）の「佳景」を愛でるように建つ茶店が、物見遊山の客たちに親しまれていた。

寛政元（一七八九）年、京都に遊んだ司馬江漢も、北野から平野へと向かう途中、紙屋川の二軒茶屋に立ち寄っている。

天気。朝より西北の方へ行く。北野天神北の門を出、谷川に二軒茶屋あり。鯉の吸物、うなきの蒲焼あり。夫より平野の宮三社あり。桜花さかり。(5)

さらに時代が下ると、『東海道中膝栗毛』（一八〇四年）の作中ではあるのだが、弥次郎兵衛と喜多八も、滞洛中、北野天満宮を詣でたあと、紙屋川の河畔にやってくる。

こゝに紙屋川のほとりに二軒茶屋あり。ふたりは空腹となりたるに、支度せんと此茶屋にはいれば、女ども出向ひて「よふお出たわいな。ツイトおくへお出なされ　弥次「なんぞうめへものがあるかね。めしもくひたし酒ものみたし。マアちよびとしたもので一ぱいはやくたのみやすぞトおくのゐんさきにこしをかけると、女てうしさかづきを、もち出る。さかなは、ほしあゆのにびたしなり　弥次「さつそく是はありがてへ。女中、ひとつつぎ給へ。(6)

女中に店の奥へと促された二人は、「干鮎の煮浸し」で一杯やり、例のごとく(駄)洒落でかけあうのだった。

当時、京洛の北西に遊山、参詣する人たちは、まずは北野天満宮に参り、そこから平野新道に出て紙屋川をわたり、平野神社へ、そして金閣寺などへと進むのが通例であった。天満宮を出た参詣客は、「谷川」の「佳景」を目にし、ほとりにある二軒茶屋に憩ったのだろう。茶屋とはいっても、祇園社(八坂神社)の二軒茶屋と同様、実際は酒や小料理を出す料理茶屋であった。

《平野》を訪れた文人墨客のなかで、ほかの誰にもましてその色めいた雰囲気を書き取っていた人物がいる。若き日を京都に遊学して過ごした、本居宣長である。宝暦七(一七五七)年二月二五日、北野天満宮から平野神社へと足を運んだ宣長が、途中にわか雨にあい、二軒茶屋で雨宿りをするシーンをみてみよう。

紙屋川の橋わたりて、平野にまいる、此わたり、豆府《ママ》茶屋あまた侍る、いつれもにきはし。なまめける女の出て、人をよひ入れ侍る、声〱いとやさしく、赤まへたれ花やかなり。さて此川をかひ川と申侍る、紙屋川の略語にや。ひらのの御社、北野のやうに人多くもまいらす、よきほとに人〱行かひ侍る…〔略〕…

さてかへり侍るに、雨ふり出たり、とくよりくもりなとはしけれと、雨ふるまてはあらしと思ひて、やういもせさりしに、ふり出ぬれは、いと心くるし。せんかたなくて、かひ川の二軒茶屋へ立よりて、はれ間まつ程、酒のみ物くひ侍る。こゝは先豆府めしにて、さて酒のさかな、汲〔吸〕物なと、何にてもし侍る所也、川にのそみていとよき所也。…〔略〕…隣席なとには、妓ともなとたすさへ来りて、ひきうたひて、いとさわき居るも有し[7]。

《平野》には、たくさんの豆腐茶屋があったという。どの店も賑やかだ。なぜなら、店先から美しい女性たちが道行く参詣者に声をかけて、客として招き入れていたのだから。声はとても優美で、赤い前垂れも華やかだ。平野の社には北野ほどの参詣者はなく、ほどよく行き交っている。

にわか雨にあった宣長は、雨具の用意がなかったため、しかたなく雨宿りをしようと二軒茶屋に立ち寄る。豆腐料理（田楽）をメインにしながらも、酒の肴や吸い物など、なんでも出す店であった。

紙屋川の佳景を愛でながら、盃を重ねる客たち。なかには、妓を同伴する者までいた。三味線を弾いて歌い、さわがしい。

これは立派な宴席である。花街ではないのだけれども、現在の平野鳥居前とはまるで別世界の〈遊楽〉の空間が、そこにはあったのだ。

二 《平野》の巫女

京都花街の来歴を聞き書き風にまとめている渡会恵介《わたらいけいすけ》は、北野天満宮の東楼門前に形成された花街《上七軒《かみひちけん》》の発祥について、とても興味ぶかい説を展開している。(8) ふつう《上七軒》の歴史は、室町期に北野天満宮の社殿を修築した際、あまった材木を利用して東門の前に七軒の茶店を建てたことにはじまるとされる。その後、秀吉が天正一五(一五八七)年に大茶会を催した際、茶店の名物であった御手洗団子をいたく気に入り、この七軒の茶店に団子を商う特権をあたえた。この故事にあやかり、現在、《上七軒》の紋章は団子をかたどったものとなっている。

これが《上七軒》の由来に関するよく知られた語りであるのだが、団子を扱う七軒の茶店がいかにして花街へと発展したかについては、よくわからない。渡会は、このミッシングリンクに、ある物語を挿入してみせるのだ。

すなわち、「北野さんの北門から平野へぬけ、北山へつづくあたりには、たくさんのミコがいやはりました」と聞き書きしつつ、さらに「明治のころは、もとより大正の中ごろまで、北野の森のあたりは席貸が多かった」という「話」をふまえて、巫女までもがそうした「席貸へ赴いた」と述べる。そこから彼は、《上七軒》の起こりを「北野の席貸へ出入りした巫女が、天満宮へ参拝する人々の楽しみの相手として栄えて行ったことは考えられることで、同じ参拝人相手の水茶屋へも出張して、いつか定着してしまったのが、上七軒の発生と思えばよかろう」と結論づけるのだ(9)。

この行論を真に受けた結果、拙著『京の花街ものがたり』では、「いくぶんこじつけ気味であることは否めないものの、他に例を見ない面白い指摘である」とし、「巫女」起源説に曖昧な賛意を示したことがある(10)。その段階では、巫女の館はいざ知らず、少なくとも席貸が平野神社の周辺（平野鳥居前町・宮北町）に立地した事実を、資料により確認していたからであった。

さらに渡会は、かさねて次のような「語り」を引き、自説を補強する。

……上七軒のお茶屋の仲居が、客に誘われて北門裏の席貸へ消えた。

「席貸とかいた軒行灯だけが、くらやみにポツンとともり、その灯影の下をマントの旦那はん、ショールで顔をかくして来やはった二人連れは、どうみても泉鏡花えがくところの情痴の世界どしたえ」

いまは語り草になった。

「わしらの若いころは、北野の北門裏から平野へかけて、二文字屋とか三星屋・美濃屋・海老屋・山形屋・角屋という口寄せ巫女の家が、ずっとあったもんや」

大正の初めころの話。口寄せ料十銭、祈とう料二十銭。まるで青楼のような屋号だが、口寄せとは…〔略〕…名目だけで、巫女は引手を使って、このころには紙屋川筋まで〝客引き〟に出て花街まがいの所業だった…〔略〕…(11)

「……ずっとあったもんや」などという口語は、読み手にいかにも渡会自身が聞き書きしたように思わせ、彼の仮説に現実味を帯びさせる。

一行目にある「北門裏」、そして「北野の北門裏から平野へかけて」というからには、ここまでみてきた平野新道の沿道ということになるだろう。そこに、席貸と「巫女の家」とが混在していたということなのか。江戸期には、料理茶屋が建ち並んで客を引いた、当の場所だ。ただし注意すべきは、「席貸」と行灯を掲げた席貸など存在しなかった、ということである。

渡会の聞き書き的な記述には、じつのところ元ネタが存在した。

市電西大路金閣寺線が出来て平野神社の裏、宮北丁《ママ》はスッカリ変化してしまつた。こゝは今では一軒もなくなつたが平野の口よせとして巫子がをつて小北山とて特殊な処とせられ、多少敬遠主義をとられておつた様である…〔略〕…この巫子と云ふものは全国的であつて、元神に仕へた女が種々な経路から堕落して一つの娼婦となり老いて口よせ巫子となつたもので、平野にもそうした事から建物の構造も窓の具合間取の様子が一般の農家と変つておつて、其家号も二文字屋、三星屋、美濃屋、海老屋、山形屋、角屋等青楼と変わらない家号がついておつた、中には紙屋川高橋辺迄客引が出る様になつた、娼家と少しも変らなかつた、明治六年禁令が出たが中々止まない〔、〕日清戦争頃には反つて大繁昌をなし、其料金も口寄料十銭、祈祷料二十五銭が俄に高くなつた、そんな事から取締が厳しくなつて依頼者も共に罰せられたので漸く正業についてこの仕事をやらなくなつてしまつた、その家号も多くは亡くなつたが、まだ二三はそのまゝ残つてゐる。(12)

これは、郷土史家・田中緑紅による「平野の巫子」の解説である。一見してわかるように、渡会恵介の巫女起源説の核心を占める部分は、ここに引用した文章をほぼトレースしている。「二文字屋」以下の青楼まがいの巫女の家は、「北野の北門裏から平野へかけて」ではなく、平野神社の境内を挟んだ反対側（北西部）の宮北町に立地していたのだ。(13)

かりに「北野の北門裏から平野へかけて」であったならば、「紙屋川筋まで〝客引き〟」に出るという場合に想定されるのは、平野門前通に架かる「桜橋」ということになろう。だが、実際はひとつ上流の「高橋」であったのだ。

ずいぶんと回り道をしてしまったが、巫女をめぐる語りは宮北町へと空間的に正しく返還しよう。そして、脱臼された《平野》の系譜を、平野新道の系譜に接がれたモノとコトだけをもって、あらためてたどりなおしてみたい。

三　〈遊楽〉の系譜と空間

(一) 名所図会に描かれた《平野》

秋里籬島（絵・竹原春朝斎）の『都名所図会』（一七八〇年）には、「平野社」と題する、文字通り平野神社付近を描いた図幅が収録されている（図11－1）。門よりも西側の境内が詳細に描かれ、祭神に関わる文字情報が集積しているのは当然であるが、ここで注目してみたいのは、鳥居の外にある文字情報の地理的分布である。

鳥居前には広場のような空間があり、その端（東）の方に「料理屋」という文字がみえる。図幅の右下に描かれた川沿いには、同じく「料理屋」と「紙屋川」という文字が配置された。そしてもうひとつ、図幅右側の中央部に「小北山」もみえているだろう。これら三つの語句は、いずれも本章ですでに登場したものばかりだ。

鳥居前広場の「料理屋」は、低層の二階建てである。その西側には、簡易な休憩所ないし茶店のような建築も描かれている。なかには、人が腰をおろしているようにもみえる。

「紙屋川」にかかる橋を東にわたると、流路に沿って北へ奥行きのある平屋建ての「料理屋」があり、その向かい（東側、右下隅）にも建物がみえる。これもまた料理屋だろうか。二つの建物の前に

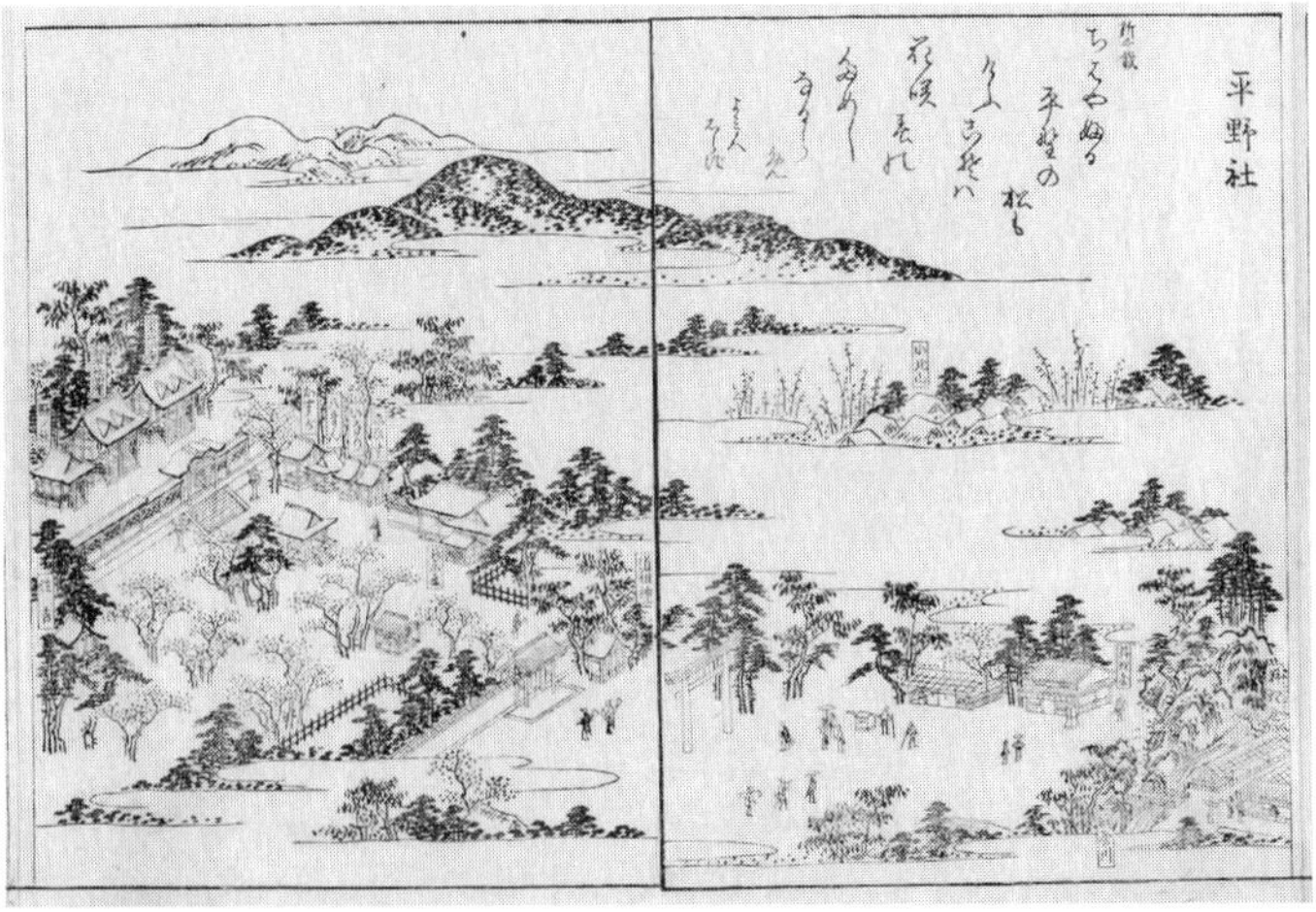

図 11－1 『都名所図会』に描かれた「平野社」

は、三名の女性らしき姿がある。本居宣長が目にし、『東海道中膝栗毛』にも描かれた、店の女性たちなのかもしれない。紙屋川沿いの料理屋の奥行きなどは、弥次郎兵衛と喜多八が案内された場面を想起させるものがある。

多少のデフォルメがあるにせよ、これまでの記述とあわせて考えるならば、平野神社の鳥居前、とくに紙屋川の両岸は、まさに〈遊楽〉の空間であったといってよい。そして、忘れてならないのは、そこは「小北山」である。田中緑紅が指摘するように、「口寄せ巫女」の集落であった。すると、図会それ自体は、「平野社」そのものというよりも、むしろ場所としての《平野》を表象していると読むことができるだろう。

（二）場所の系譜

明治期以降、平野神社とその境内の花見をのぞく

図 11－2　紙屋川桜橋付近の建物

と、遊楽空間としての《平野》は歴史の後景にしりぞいてしまった感が否めない。あまたあるガイドブックにも、ほとんど登場しないのだ。散見されるのは、席貸や旅館の存在くらいで、昭和一三（一九三八）年には、平野鳥居前町と宮北町に四件立地していた[14]。

だが、興味ぶかいことに、大正〜昭和初期に撮影された数少ない写真が、たとえば中谷礼仁のいう「先行形態[15]」、あるいは場所の無意識を浮き彫りにする。

まず、図11-2をみてみよう。これは、平野神社の鳥居前から、東を向いて撮影されている。複数の人物がたたずんでいるところが、桜橋の橋上である。撮影者の右手には、おそらく北野天満宮の「上の森」が見えているはずなのだが、構図からは外れている。

目につくのは、桜橋北東詰に立地する大きな建物であろう。紙屋川にせり出すように建てられている。建築としての連続性はともかく、位置だけから判断すると、これは『都名所図会』の「平野社」の右下に描かれた「料理屋」の後継と考えてよい。大きな看板がかけられているものの、残念ながら文字は判読できない。

次いで、図11-3に移ろう。これは大正期のものと思しき、写真（部分的に彩色された絵葉書）である。図11-2とは逆に、桜橋の東詰から西方を向いて撮影されている。キャプションには「（京都名

図 11－3　平野神社の絵葉書（「（京都名所）平野神社」）

所）平野神社」とあるのだが、社殿はおろか鳥居さえ写っていない。「平野」と印字された図11‐4も同様である。こちらは後方に、衣笠山が写り込んでいる。

桜橋をわたり、鳥居前ないし楼門前まで行って撮影すれば、境内を写すことは簡単なはずだ。だが、どちらも意図して橋を入れようとしているかのようだ。この二枚の写真をながめながら、いまいちど『都名所図会』の「平野社」をふりかえってみると、紙屋川にかかる橋の東側に位置する料理屋まで描かれていることについては、すでに確認しておいた。

あるいは、本章の冒頭で引用した明治一〇年の「西京平野神社境内の涼みハ紙屋川の中へ床几を……」という記事も、よく考えてみると、床几の設置された「紙屋川の中」までもが、「境内の涼み」の範囲と読むことができる。これは、はたして偶然なのだろうか？

おそらく、そうではあるまい。紙屋川にかかる桜橋も、そして橋のたもとの料理屋、あるいは図11‐2の

図 11－4　平野神社の絵葉書

大きな建物も、歴史的には《平野》の範域に含まれているのだ。実際、現在は北野天満宮が上京区である一方、橋の東側からは北区となり、町域としては「平野鳥居前町」となっている。一見すると中途半端にみえる空間分割なのだが、ある意味で、場所の記憶を雄弁に物語る標徴ともいえなくはない。《平野》と《北野》を分かつもの、それは（部分的に残存するとはいえ）除去されてひさしい御土居としか考えようがない。

《北野》からみれば、御土居の向こうは洛外であり、裏である。けれども、そこは《平野》の表参道であり、紙屋川の清冽な流れを眺める絶好のポイントであり、その橋の両岸——もちろん、どちらも《平野》だ——に料理屋が立地していた。市街地の縁辺にあって、表と裏の反転する空間性が、花街と見紛うような〈遊楽〉の場を可能にしたのだともいえなくはあるまい。景観変容いちじるしいこの場所ではあるが、まだまだ痕跡を探すこともできそうだ。

最後に、もういちど図11－3・11－4をみてみよう。右手に、洒落た明り取りの窓のある大きな建物がある。図11－3には屋上にある涼み台も確認できる。さて、この建物は何であろうか？ 答えは「京都市明細図」のなかにもある。もし答えを確認できたら、この場所の系譜をいまいちど想起してみてほしい。

たしかに、ここは〈遊楽〉の空間なのであった。

終章　〈地〉と〈図〉のあいだに

昭和三五（一九六〇）年に京都を訪れた在野の花街研究者である加藤藤吉は、祇園祭と「ねりもの」を見学して、今となってはたいへん貴重な写真を撮影していた（第六章）。おそらく同じときのものと思われるのだが、ここまでたびたび言及してきた《下河原》に立地する、二つの建物を被写体とした写真もある。

フィルムの台紙に「京 東山 下河原」と書き込みのある図E－1をみると、店先に暖簾やら絵馬やらが置かれており、土産品店であることがわかる。左手の日除け傘の奥に見えている石垣が特徴的で、これをたよりに撮影ポイントを探してみると、現在の「ねねの道」の北部に位置することがわかった。石垣は、ほぼ写真のままの状態で現在も残っている。昭和三四（一九五九）年の住宅地図では、「東山工芸」となっているので、工芸品を扱う店だったのだろう。

図E－1　《下河原》の土産品店（加藤藤吉撮影）

位置がわかったところで想起されるのは、「……東大谷の廟の気持のいゝ石畳の参拝道を横切つて真葛ケ原から高台寺の北門の方へ抜けて来る。私はその道を歩くのが好きである」という、近松秋江の随筆だ(1)。もちろん当時は「ねねの道」という名称はなかったけれども、沿道には「風雅な店」がならび、彼は「その店を覗いたりしながら其処らを逍遥する」ことを趣味としていた。加藤藤吉もこの店の「風雅」に惹かれたのだろうか。

次いで、もう一枚をみてみよう（図E－2）。台紙には「新研見番　東山下河原」とある。「京名物」として知られた雇仲居は（第四章）、戦後、昭和三〇年を前後するあたりから「新妍芸妓」を名のり、それまでの奔放な業態から花街に類する制度を確立して、変容を遂げていった。玄関右手の黒板には、おそらく稽古のスケジュールが記されていたのだろう。

手前には、「京銘菓　椿餅」という看板がある。また、

図Ｅ－２　《下河原》の新妍芸妓の検番（加藤藤吉撮影）

この図からはわかりにくいものの、奥の建物（向かって右）を拡大してみると、看板に「旅館 藤や」とあった。この二つから場所を特定して、昭和三一年の住宅地図をみると「京都新芸技協同事務所」とあり、同じく昭和三四年には「京都新芸技東山歌舞会」と記されていた。「京都市明細図」では紫区画の「席貸2」、つまり二階建ての席貸となっている。席貸が新妍芸妓の検番に転用されたのであれば、これもまた、いかにも《下河原》らしいといえようか。

繰り返しになるけれども、川口松太郎は「京都の粋な町通りとされていた下河原に、見るから安手な温泉マークに変って行く有様は何ともいいようがない」と述べていた[2]。石畳の「ねねの道」と、狭い幅員を自動車が行き来する下河原通の殺風景という景観上の対照性は、雇仲居の衰退と席貸の転用が進む昭和三〇年代前半に起因するものと考えられる。この二つの通りに挟まれて、やはり席貸街であった石塀小路が、区画や建物もほぼそのままにあることも興味ぶかい。逆に西へと下がれば、ホテル街の《安井》がある（第十章）。

川口は、近松とは逆のルートで「……高台寺の北門から真葛を抜け、雙林寺（境内）から西大谷、円山、知恩院に至るまでは、古都の道の美しさを、昔のままに残している場所」としていた(3)。《真葛ケ原》は、田畑あい（三千歳）の京饌寮があり（第九章）、また北條秀司が足しげく通った席貸のあった場所でもある（第二章）。もっとも、後者は円山公園内とされているのだが。

その《円山》にのぼると、川端康成が上羽秀（おそめ）の案内で取材した席貸もある。《円山》の場合、（料理屋を兼ねた）席貸の歴史は、《東三本木》や《上木屋町》よりも、はるかに古い。《円山》の宴席を支えたのが、山猫と配膳であった（第四章）。そういえば、『暗夜行路』の謙作と直子が祝言をあげるのも、この場所だ。

観光客でにぎわうスポットも、このようにみてくると、さまざまな物語の織り込まれた場所であることがわかる。本書が、〈地〉と〈図〉を往還しつつ、少しばかりその織物を解きほぐして空間のポリフォニーに耳を傾けるきっかけとなるならば幸いである。

〔付記〕本書は、JSPS科研費（16H01965）の助成を受けた研究成果の一部である。本書の出版にあたっては、立命館大学文学部人文学会より助成を受けた。末筆ながら記して謝意を表します。

註

序章

（1）立命館大学アート・リサーチセンター「近代京都オーバーレイマップ」（http://www.arc.ritsumei.ac.jp/archive01/theater/html/ModernKyoto/）。原図は京都府立総合資料館蔵。

（2）近松秋江『二人の独り者』改造社、一九二三年、九六－九八頁。

（3）前掲、近松秋江『二人の独り者』、九五－九六頁。

第一章

（1）吉井勇「磯田多佳女」（同『東京・京都・大阪　よき日古き日』平凡社ライブラリー、二〇〇六年）、一七八－一八一頁。引用は一八〇－一八一頁。

（2）杉田博明『祇園の女──文芸芸妓磯田多佳』新潮社、一九九一年、一三五－一八二頁。

（3）谷崎潤一郎「朱雀日記」（同『谷崎潤一郎全集　第一巻』中央公論社、一九八一年）、三三五－三三六頁。

（4）津田青楓『漱石と十弟子』芸艸堂、二〇一五年、二〇二、二〇四頁。

（5）臼井喜之介『京都味覚散歩』白川書院、一九六二年、二六五頁。

（6）松川二郎『全国花街めぐり』誠文堂、一九二九年、五〇四－五〇五頁。

（7）前掲、松川二郎『全国花街めぐり』、五〇五頁。

（8）佐々政一編『夜の京阪（文藝界定期増刊　博覧会記念）』金港堂書籍株式会社、一九〇三年。

（9）大森痴雪「夜の高瀬川」（前掲、『夜の京阪』）、六九－七八頁。引用は七〇頁。
（10）鈴木露村「京都の旅宿」（前掲、『夜の京阪』）、一一一－一一二頁。引用は一一一－一一二頁。
（11）前掲、鈴木露村「京都の旅宿」、一一一頁。
（12）久保田米僊「京都の料理店」（前掲、『夜の京阪』）、一六一－一七四頁。引用は一七〇頁。
（13）前掲、久保田米僊「京都の料理店」、一七〇頁。
（14）前掲、久保田米僊「京都の料理店」、一七二頁。
（15）前掲、谷崎潤一郎『朱雀日記』、三四五頁。
（16）前掲、久保田米僊「京都の料理店」、一六七頁。
（17）三宅孤軒「東西芸妓気質」（『郷土風景』第一巻第六号、一九三二年）、三〇－三三頁。引用は三〇頁。
（18）前掲、久保田米僊「京都の料理店」、一六七－一六八頁。
（19）前掲、久保田米僊「京都の料理店」、一七二頁。
（20）前掲、久保田米僊「京都の料理店」、一七三頁。
（21）長田幹彦『青春時代』出版東京、一九五二年、一一〇－一一一頁。
（22）前掲、長田幹彦『青春時代』、一一二頁。
（23）高浜虚子「花時の旅」（『定本　高浜虚子全集第十四巻』毎日新聞社、一九七四年）、三八二－三八三頁。
（24）眞下五一「京の庭と宿と」（『洛味』第五九集、一九五六年）、二四－二七頁。なお、舟橋聖一は、「茶屋の外、祇園甲の舞妓や芸妓は……木屋町なら中村楼、大千賀、たまや、その他なら、有楽荘とか、つるやとか、京大和とか、清水山荘とか、ちもと等へ呼ぶことが出来る」と指摘している（舟橋聖一「京舞妓・だらりの帯」（同『風流抄』文藝春秋新社、一九五四年）、一二三－一五六頁。引用は一四一－一四二頁）。「木屋町なら」以下は、当然、席貸であり、眞下の案内をもってしても、あるいは舟橋の名声をもってしても、席貸は一見さんお断りであった。

（25）　吉村公三郎『京の路地裏』岩波現代文庫、二〇〇六年、二二五―二二六頁。

第二章

（1）　近松秋江『二人の独り者』改造社、一九二三年。なお、「抱月は、去年の十一月の五日にスペイン風邪が原因で死んだ」（六五頁）とあることから、大正八（一九一九）年のこととして描かれていることがわかる。

（2）　前掲、近松秋江『二人の独り者』、二、七―八頁。

（3）　前掲、近松秋江『二人の独り者』、二二頁。雇仲居については、加藤政洋『京の花街ものがたり』（角川選書、二〇〇九年、第六章）、同『敗戦と赤線　国策売春の時代』（光文社新書、二〇〇九年、第六章）を参照されたい。また、本書の第四章でもとりあげる。

（4）　《東三本木》の来歴については、加藤政洋『京の花街ものがたり』（角川選書、二〇〇九年、二二八―二三八頁）を参照されたい。また、本書第三章でもとりあげる。

（5）　前掲、近松秋江『二人の独り者』、四八頁。

（6）　前掲、近松秋江『二人の独り者』、四九―五〇頁。

（7）　鈴木露村「京都の旅宿」（佐々政一編『夜の京阪（文藝界定期増刊博覧会記念）』金港堂書籍株式会社、一九〇三年）、一一一―一一八頁。引用は一一五頁。

（8）　臼井喜之介「京の宿の分布」（臼井喜之介・瀬川與志『安心して泊れる京の宿』白川書院、一九七二年）、二一二―二一六頁。

（9）　前掲、臼井喜之介「京の宿の分布」、二一四頁。

（10）　前掲、臼井喜之介「京の宿の分布」、二一三―二一四頁。

(11) 前掲、臼井喜之介「京の宿の分布」、二四頁。「新妍芸者」(新妍芸妓)とは、雇仲居の別名であり、より組織化された倶楽部ないし検番に属していた。また、温泉マーク(♨)は、いわゆる連れ込み宿を指し、のちのラブホテルのプロトタイプである。
(12) 前掲、臼井喜之介「京の宿の分布」、二四-二五頁。
(13) 川端康成『古都』新潮文庫、一九六八年、一七〇頁。
(14) 京都出版協会『二十世紀の京都 第壹編 天之巻』京都出版協会、一九〇八年、九五-九六頁。
(15) 服部武雄「下木屋町やとな街」(大阪毎日新聞社京都支局編『京都新百景』新時代社、一九三〇年)、五三-五七頁。引用は五三頁。
(16) 臼井喜之介『京都味覚散歩』白川書院、一九六三年、三四頁。
(17) http://www.arc.ritsumei.ac.jp/archive01/theater/html/ModernKyoto/
(18) 大佛次郎『帰郷』毎日新聞社、一九九九年〔新聞連載は一九四八年〕、二六三頁。
(19) 長田幹彦「わが青春の記」(同『長田幹彦全集 別巻』日本図書センター、一九九八年)、一八八、二〇二頁。
(20) 吉井勇「小夜千鳥」(同『定本 吉井勇全集 第七巻』番町書房、一九七八年)、三七七頁。
(21) 大佛次郎『大佛次郎自選集 現代小説第七巻 風船』朝日新聞社、一九七二年、七三、七五、九四頁。
(22) 川口松太郎『古都憂愁』桃源社、一九六五年、二七〇頁。
(23) 石井妙子『おそめ 伝説の銀座マダム』新潮文庫、二〇〇九年、九九頁。
(24) 近松秋江「黒髪」(同『近松秋江全集 第四巻』八木書店、一九九二年〔原著は一九二二年〕)、三-二四頁。引用は五頁。
(25) 松川二郎『全国花街めぐり』誠文堂、一九二九年、五〇五頁。

(26) 近松秋江「私の好きな京の街々」（秋田貢四編『夜の京阪』文久社出版部、一九二〇年）、二一一-三六頁。引用は三二一-三三頁。

(27) 北條秀司「花のゆくえ」（同『京・四季の旅情』淡交社、一九八一年）、二六-三一頁。引用は二七頁。

(28) 北條秀司「都をどりの頃」（『京・四季の旅情』淡交社、一九八一年、二〇-二五頁）、同「姫はじめの頃」（前掲、『京・四季の旅情』、五-一二頁）。なお、「末吉町の大きなお茶屋のお内儀さんだった人」という記述もある（同「師走の数え日」（前掲、『京・四季の旅情』、二二〇-二二九頁、引用は二二〇頁）。同、「宵山囃子」（前掲、『京・四季の旅情』、一二一-一三二頁、引用は一二二頁）、同、前掲「姫はじめの頃」（五-六頁）。北條は、この天龍寺わきの名ばかり旅館を、「かな江」と呼んでいた（同、「奥嵯峨の秋」（前掲、『京・四季の旅情』、一八〇-一八八頁、引用は一八一頁）。同「一月　おけら火　にらみ鯛　枯野」（同『古都好日』淡交新社、一九六四年、八-二五頁、引用は二〇頁）。

(29) 前掲、北條秀司「花のゆくえ」、二八頁。同「四月 花かんざし 十三詣り 女狐」（前掲、『京・四季の旅情』、五六-七一頁、引用は六五頁）、同「真葛ヶ原」（前掲、『京・四季の旅情』、一〇三-一〇九頁、引用は一〇三頁）。

(30) 北條秀司「お十夜」（同『古都祭暦』淡交社、一九六九年）、二三四-二四六頁。引用は二四二-二四三頁。

(31) 北條秀司「二月壬生菜」（同『京の日』雪華社、一九六六年）、一三-一八頁。引用は一七頁。

(32) 北條秀司「除夜の鐘」（前掲、『京・四季の旅情』）、二三〇-二三五頁。引用は二三二頁。別のところでは、「円山の上の井雪という旅館できいた知恩院の鐘の音」と記している（北條秀司「十二月 大つごもり」（前掲、『京の日』、七七-九四頁、引用は八〇頁）。

(33) 川端康成「美しさと哀しみと」（同『川端康成全集 第十七巻』新潮社、一九九九年）、二六一-四九一頁。引用は二七九頁。

(34) 前掲、石井妙子『おそめ』、二四七頁。
(35) 佐々木やゑ「八阪下河原」(大阪毎日新聞社京都支局編『京都新百景』新時代社、一九三〇年)、一五八―一五九頁。
(36)『技芸倶楽部』第四巻第一二号、一九二六年、一一頁。
(37) 前掲、川口松太郎『古都憂愁』。
(38) 室田泰一「漱石と京都」(『洛味』第一一二集、一九六一年)、五二―五九頁。引用は五八頁。
(39) 眞下五一「京の庭と宿と」(『洛味』第五九集、一九五六年)、二四―二七頁。引用は二六頁。
(40) 北條秀司「祇園の女」(前掲、『京・四季の旅情』)、一五八―一七二頁。引用は一五八―一五九頁。

第三章

(1) 志賀直哉『暗夜行路』新潮文庫、二〇〇〇年、二七二頁。
(2) 前掲、志賀直哉『暗夜行路』、二八七頁。
(3) 河東碧梧桐『画人蕪村』中央美術社、一九二六年、一八頁。
(4) 加藤政洋『京の花街ものがたり』角川選書、二〇〇九年、一〇三―一三五頁。
(5) 原田與三松『売買ひとり案内』原田與三松、一八七八年、一四頁。
(6) 遠藤茂平編『京都名所案内図会』正宝堂、一八八一年、一九頁。
(7) 石田有年編『都の魁』石田戈次郎、一八八三年、六五―六六頁。
(8) 辻本治三郎編『京都案内都百種』尚徳館、一八九四年、二〇八頁。
(9) 窪田修佐「京都繁昌記」(新撰京都叢書刊行会編『新撰京都叢書 第十巻』臨川書店、一九八五年)、五三―一一六頁。引用は一〇一頁。

(10)《円山》の席貸については、前掲4を参照されたい。
(11) 山口八九子「三本木あたり」（大阪毎日新聞社京都支局編『京都新百景』新時代社、一九三〇年）、三一-五頁。引用は三-四頁。
(12) 吉井勇「洛北随筆」（同『定本 吉井勇全集 第七巻』番町書房、一九七八年）、三三五頁。
(13) 成瀬無極「転宿三十年」（『洛味』第六六集、一九五六年）、一六-二〇頁。引用は一六頁。
(14) 新村出「序文」（毎日新聞社編『鴨川 生きている京の歴史』毎日新聞社、一九五九年）。「序文」にページ番号はない。
(15) 金田一京助「京の宿」（『洛味』第五四集、一九五四年）、四六-四七頁。引用は四六頁。
(16) 谷崎潤一郎「青春物語」（同『谷崎潤一郎全集 第十三巻』中央公論社、一九八二年）、三九九頁。
(17) 同前。
(18) 新村出「鴨川をなつかしみて」（『洛味』第四四集、一九五四年）、三九-四三頁。引用は四二頁。
(19) 前掲、谷崎潤一郎「青春物語」、四一五、四一六頁。
(20) 長田幹彦「京都時代の谷崎君――「青春物語」を読んで」（同『長田幹彦全集 別巻』日本図書センター、一九八二年）、五五五-五七〇頁。引用は五六〇頁。
(21) 長田幹彦「わが青春の記」（同『長田幹彦全集 別巻』日本図書センター、一九八二年）、一八八頁。
(22) 前掲、長田幹彦「わが青春の記」、一九六-一九七頁。
(23) 前掲、新村出「鴨川をなつかしみて」、四一頁。
(24) 前掲16。
(25) 前掲15。
(26) 場所イメージの（再）生産については、中川真『増補 平安京音の宇宙 サウンドスケープへの旅』（平凡社ライブラリー、二〇〇四年）を参照。
(27) 錦織剛男『遊女と街娼——京都を中心とした売春史』圭文館、一九六四年、一六七、一六九頁。

第四章

(1) 堂本寒星『京舞名匠 佐多女藝談 附 井上流舞集成』河原書店、一九四七年、九頁。
(2) 加藤政洋『京の花街ものがたり』角川選書、二〇〇九年、一三七－一五六頁。
(3) 大西亀太郎編『都の花競』大西亀太郎、一八七八年。
(4) 鹿城生「里女逝きて五十年 思ひ出深い今昔物語」（『技芸倶楽部』第五巻第一一号、一九二七年）、四三一－四五頁。
(5) 京都博覧協会編『京都博覧会沿革誌 上巻』京都博覧協会、一九〇三年、三四頁。
(6) 初世井上八千代については、次の文献を参照。岡田万里子『京舞井上流の誕生』思文閣出版、二〇一三年、五七－八九頁。
(7) 鹿城生「舞踊 井上流」（『技芸倶楽部』第四巻第一〇号、一九二六年）、一四－二一頁。
(8) 前掲、鹿城生「舞踊 井上流」、一六頁。
(9) 京都府編『京都府誌 下』京都府、一九一五年。
(10) 京都出版協会編『二十世紀之京都 天之巻』京都出版協会、一九〇八年。
(11) 碓井小三郎編「京都坊目誌下巻之二十二」（新修京都叢書刊行会編『新修京都叢書第二十巻』臨川書店、一九七〇年）、一七四頁。
(12) この点については、前掲の拙著『京の花街ものがたり』でも検討した。
(13) 前掲、鹿城生「里女逝きて五十年 思ひ出深い今昔物語」。

(14) 露香生「惜しや東山の名花 散りてあとなし」（『技芸倶楽部』第六巻第四号、一九二八年）、四三 - 四五頁。
(15) 日本風俗史学会編『図説 江戸時代食生活事典 新装版』雄山閣出版、一九九六年、三一六頁。
(16) 『風俗画報』第一五四号、明治三〇年一二月一〇日。
(17) 笠井一子『京の配膳さん――京都の宴席を陰で支える人たち』向陽書房、一九九六年。
(18) 六平「『女配膳』の産声 いづれは京名物となるか」（『技芸倶楽部』第一〇巻第八号、一九三二年）、二九 - 三一頁。
(19) 三宅孤軒「東西芸妓気質」（『郷土風景』第一巻第六号、一九三二年）、三〇 - 三三頁。引用は三〇 - 三一頁。
(20) 長田幹彦「京都に於ける売笑制度」（『新小説』第三十一年第九号、一九二六年）、一〇七 - 一〇九頁。引用は一〇九頁。
(21) 前掲、長田幹彦「京都に於ける売笑制度」、一〇八頁。
(22) 「やとな倶楽部の元祖」（『技芸倶楽部』第四巻第八号、一九二六年）、五三 - 五四頁。引用は五三頁。
(23) 下中彌三郎編『大辞典 第二十四巻 ミス〜ヤマトホ』平凡社、一九三六年、五八八頁。
(24) 「本年八月中の京都市八遊廓と雇仲居の成績」（『技芸倶楽部』第六巻第九号、一九二八年）、三七 - 三八頁。
(25) 「雇仲居の学校」（『技芸倶楽部』第四巻第五号、一九二六年）、四二 - 四四頁。
(26) 前掲、「やとな倶楽部の元祖」、五三 - 五四頁。
(27) 引用文は「下河原には昔山猫と称する娼婦があつたが」につづく一文である。斧堀山人「祇園だんご」（『新演芸 臨時増刊』玄文社、一九一九年）、四一 - 五一頁。引用は四三頁。
(28) 岸本水府「京阪神盛り場めぐり」（酒井真人・岸本水府『三都盛り場風景』誠文堂、一九三二年）、八四頁。
(29) 佐々木やゑ「八阪下河原」（大阪毎日新聞社京都支局編『京都新百景』新時代社、一九三〇年）、八一 - 八三頁。引用は八三頁。

(30) 舟橋聖一「京舞妓・だらりの帯」(『風流抄』文藝春秋新社、一九五四年)、一二三－一五六頁。引用は一五二頁。

(31) この点については、次の拙著を参照されたい。加藤政洋『敗戦と赤線――国策売春の時代』光文社新書、二〇〇九年、第六章。

(32) 荒木房男「下河原界隈」(『モダン生活』第三巻第一一号、一九五二年)、一六四－一七三頁。

(33) 川口松太郎『古都憂愁』桃源社、一九六五年、三三八頁。

(34) 錦織剛男『遊女と街娼――京都を中心とした売春史』圭文館、一九六四年、一七〇頁。

(35) 前掲、六平「『女配膳』の産声 いづれは京名物となるか」によると、「元来京都には『女配膳』なる名称の職業婦人は無い」(三〇頁)、とされていた。

第五章

(1) 江馬務『日本歳事史 京都の部』内外出版株式会社、一九二二年、二四二頁。

(2) 田中緑紅『京の伝説なんやかんや』郷土趣味社、一九三七年、二九頁。

(3) 高濱虚子『虚子編 新歳時記 増訂版』三省堂、二〇〇七年(初版は一九三四年)、一二二頁。

(4) 前掲、江馬務『日本歳事史 京都の部』。

(5) 滝沢馬琴『羇旅漫録 中之巻』畏三堂、一八八五年、四十七「嶋原の噂」。

(6) 清河八郎『西遊草』(安政二年六月一三日)(駒敏郎ほか編『史料 京都見聞記 第三巻』法藏館、一九九一年)、三一七頁。

(7) 『読売新聞』明治二六年三月一一日。

（8）『読売新聞』明治二六年四月三〇日。
（9）高浜虚子「島原の太夫の道中」（『ホトトギス』第三一巻第一一号、一九二八年）、一二一-一三二頁。
（10）『読売新聞』明治二六年四月二一日。
（11）中川徳右衛門『波娜婀娜女』京島原角屋、一九二〇年（初版は一九〇五年）。六四-六五頁。
（12）多景の門志づえ（金子静枝）「京都の花街」（佐々政一編『夜の京阪』金港堂書籍株式会社、一九〇三年）、一二六-四一頁。引用は三〇頁。
（13）近藤浩一路「島原太夫道中」（同『漫画巡礼記』磯部甲陽堂、一九一八年）、一-三〇頁。
（14）竹廼舎柳枝「京名物島原太夫の道中」（『技芸倶楽部』第四巻第五号、一九二六年）、四〇-四一頁。
（15）北條秀司「島原の廓」（同『京の日』雪華社、一九六六年）、一二五-一四二頁。
（16）『読売新聞』昭和昭和二一年九月二一日。
（17）前掲、北條秀司「島原の廓」、一二八-一二九頁。
（18）前掲、北條秀司「島原の廓」、一三八頁。

第六章

（1）橋本経亮『橘窓自語』（日本随筆大成編輯部『日本随筆大成』吉川弘文館、一九七五年）、四三二頁。
（2）京都市文化観光局文化課『祇園祭――戦後のあゆみ』京都市文化観光局文化課、一九六七年、三八頁。
（3）田中緑紅『祇園祭りねりもの　上（緑紅叢書3の9）』京を語る会、一九六〇年、一八頁。ほかに、同『祇園ねりもの』（郷土趣味社、一九三六年）、同『祇園祭りねりもの　下（緑紅叢書3の10）』（京を語る会、一九六〇年）がある。
（4）大久保正編『本居宣長全集　第十六巻』筑摩書房、一九七四年（在京日記三、宝暦七年六月末）、一一四-

一一五頁。

（5）浅井広信『京都祇園会図会』笹田栄寿堂、一八九四年。「御輿洗ひの事」より引用。

（6）京都花柳社編『花柳』第七号、一八九三年、二九頁。

（7）前掲、田中緑紅『祇園祭りねりもの 上』、三六－三七頁。

（8）前掲、田中緑紅『祇園祭りねりもの 下』、四三頁。「にぎやかにお迎え提燈行列 祇園会前奏曲」（『京都新聞』昭和二八年七月一一日）。

（9）祇園東新地事業協同組合『祇園會ねりものしるべ』祇園東新地事業協同組合、一九五四年。

（10）前掲、田中緑紅『祇園祭りねりもの 下』、四六－五〇頁。

（11）『京都新聞』二〇一三年五月二日夕刊。

第七章

（1）小松左京『日本沈没（上）』小学館文庫、二〇〇六年（原著は一九七三年）、一九六頁。

（2）前掲、小松左京『日本沈没（上）』、一九六頁。

（3）松川二郎『日本花街めぐり』誠文堂、一九二九年。

（4）高谷伸「花街めぐりを読む」（『技芸雑誌』第七巻第九号、一九二九年）、一四－一五頁。

（5）浅井広信『京都祇園会図会』笹田栄寿堂、一八九四年、二－三頁。

（6）西野由紀・鈴木康久編『京都鴨川探訪——絵図でよみとく文化と景観』人文書院、二〇一一年、一二二頁。

（7）黒川道祐「日次紀事」（『新修 京都叢書 第四巻』臨川書店、一九六八年）、二四二、二五四頁。

（8）博望子『洛陽勝覧』（駒敏郎ほか編『史料 京都見聞記 第一巻 紀行Ⅰ』法藏館、一九九一年）、三五一－三五二頁。

（9）山路興造『京都　芸能と民俗の文化史』思文閣出版、二〇〇九年、三五－三七頁。
（10）江馬務『日本歳事史　京都の部』内外出版、一九二二年、三六〇－三六二頁。引用は三六一頁。
（11）西田利八「鴨川と床」（『洛味』第三号、一九三五年）、二六－二七頁。
（12）国際日本文化研究センターデータベース「平安都名所図会」。
（13）前掲、西野・鈴木編『京都鴨川探訪』、一二三頁。田中尚人ほか「水辺におけるアメニティの変遷に関する研究――京都鴨川の納涼床を対象として」土木計画学研究論文集第一六号、一九九九年、四七九－四八四頁。
（14）国際日本文化研究センターデータベース「平安都名所図会」。
（15）滝沢馬琴『羇旅漫録　中巻』（京都市編『史料　京都の歴史　第五巻　社会・文化』平凡社、一九八四年）、四二二－四二三頁。
（16）原田光風「及瓜漫筆」（駒敏郎ほか編『史料　京都見聞記　第五巻』法藏館、一九九二年）、三一八－三三一頁。引用は三三一頁。
（17）松山高吉『京都名所と美術の案内』田中治兵衛、一八九五年、四七頁。
（18）『読売新聞』一八九二年九月一七日。宮島春齋「京都四條河原夕涼」（『風俗画報』第五六号、一八九三年七月一〇日）、一三－一四頁。
（19）増山守正編『京都繁栄記』静香園、一八九三年、四二頁。
（20）『読売新聞』一八九三年七月四日。
（21）『読売新聞』一八九二年七月一三日。
（22）國分綾子『京都味しるべ』駸々堂、一九八〇年〔初版一九七三年〕、一一四、一二二頁。
（23）前掲、宮島春齋「京都四條河原夕涼」、一四頁。
（24）毎日新聞社編『鴨川　生きている京の歴史』（毎日新聞社、一九五九年、四〇四頁）によると、四条河原の夕涼みには「メリーゴーラウンドやワイヤースライド」なども置かれていたという。
(25) 京都市編『新撰京都名勝誌』京都市、一九一五年、一五七頁。
(26) 前掲、田中ほか「水辺におけるアメニティの変遷に関する研究」、四八二頁。
(27) 「京都近傍図東北部」(二万分の一) 大日本帝国陸地測量部、一九一五年。
(28) 田中緑紅『京の伝説なんやかんや』郷土趣味社、一九三七年、八一頁。
(29) 大京都社『大京都』大京都社、一九二八年、九七-九八頁。
(30) 『朝日新聞』一九七九年七月六日。
(31) 朝日新聞京都支局編『カメラ京ある記』淡交新社、一九六四年、六頁。
(32) 前掲、朝日新聞京都支局編『カメラ京ある記』、六頁。

第八章

(1) https://kyoto-design.jp/spot/2717〔二〇一七年一月二日閲覧〕
(2) 三宅小まめ・森田繁子『祇園うちあけ話』PHP文庫、二〇〇四年、一九八-一九九頁。
(3) 梅棹忠夫『京都の精神』角川ソフィア文庫、二〇〇五年、一九五頁。
(4) 谷崎潤一郎「朱雀日記」(同『谷崎潤一郎全集 第一巻』中央公論社、一九八一年)、三三一-三六八頁。引用は三四二-三四三頁。
(5) 谷崎潤一郎「青春物語」(同『谷崎潤一郎全集 第十三巻』中央公論社、一九八二年)、三四三-四三九頁。引用は四〇四頁。
(6) 同前。
(7) 谷崎潤一郎「磯田多佳女のこと」(同『月と狂言師』中公文庫、一九八一年)、九八-一三七頁。引用は、一〇二－一〇三頁。
（8）吉井勇「洛北随筆」（同『定本 吉井勇全集 第七巻』番町書房、一九七八年）、三二五頁。
（9）前掲、三宅小まめ・森田繁子『祇園うちあけ話』、一九八頁。
（10）水内俊雄・加藤政洋・大城直樹『モダン都市の系譜』ナカニシヤ出版、二〇〇八年、二一二頁。
（11）杉田博明『祇園の女 文芸芸妓磯田多佳』新潮社、一九九一年、二〇六－二〇八頁。
（12）渋谷天外『笑うとくなはれ』文藝春秋新社、一九六五年、六五頁。
（13）前掲、谷崎潤一郎「磯田多佳女のこと」、九九頁。
（14）前掲、谷崎潤一郎「磯田多佳女のこと」、一〇三頁。
（15）前掲、谷崎潤一郎「磯田多佳女のこと」、一〇四頁。

第九章

（1）夏目金之助「日記三（明治四十年三月二十八－四月十日）」（同『漱石全集第十九巻』岩波書店、一九九五年）、二八三－二九九頁
（2）『大阪朝日新聞』明治四十年四月九日、一面。
（3）『大阪朝日新聞』明治四十年四月十日、一面。
（4）前掲、夏目金之助「日記三（明治四十年三月二十八－四月十日）」、二九八頁。
（5）高濱虚子「京都で會つた漱石氏」（『底本 高濱虚子全集第十三巻』毎日新聞社、一九七三年）、三六六－三七四頁。
（6）前掲、夏目金之助「日記三（明治四十年三月二十八－四月十日）」、二九九頁。
（7）前掲、高濱虚子「京都で會つた漱石氏」、三七二－三七三頁。

(8) 前掲、高濱虚子「京都で會つた漱石氏」、三七三頁。
(9) 高浜虚子「漱石氏と私」(高浜虚子『回想 子規・漱石』岩波書店、二〇〇二年)、二一九－二二〇頁。明治四十年四月十九日(封書)。
(10) 高浜虚子「風流懺法」(『ホトトギス』第一〇巻第七号、一九〇七年)、一－七、一〇－一二頁。
(11) 田畑あい「真葛ケ原から——昔知つといやす人にあんまりな変り方」(大阪毎日新聞社京都支局編『京都新百景』新時代社、一九三〇年)、八七－九〇頁。
(12) 高濱虚子「風流懺法」「続風流懺法」「風流懺法後日譚」(高濱虚子・河東碧梧桐『現代日本文学大系19 高濱虚子・河東碧梧桐』筑摩書房、一九六八年)、五七－一二二頁。
(13) 前掲、「風流懺法後日譚」、一二一頁。
(14) 前掲、田畑あい「真葛ケ原から」、八八頁。
(15) 高濱虚子「京洛の暮春の三日」(『ホトトギス』第三一巻第一二号、一九二八年)、二一－一八頁。
(16) 前掲、田畑あい「真葛ケ原から」、八九頁。
(17) 吉井勇「京饌寮」(『底本 吉井勇全集 第七巻』番町書房、一九七八年)、三八〇－三八二頁。
(18) 『洛味』第二巻第二号、一九三二年、七二頁。
(19) 前掲、吉井勇「京饌寮」三八一－三八二頁。
(20) 前掲、田畑あい「真葛ケ原から」、八七－八八頁。文中にある「小文さん(西行庵)」とは、明治二七(一八九四)年に、富岡鉄斎や久保田米僊らとともに双林寺の塔頭であった西行庵を再興し、以後、そこに住み込んで庵を維持した小文法師のことである。小西大東「西行庵主小文法師の事ども」(『技芸倶楽部』第七巻第一一号、一九二九年)四三－四九頁
(21) 前掲、吉井勇「京饌寮」、三八二頁。

(22) 高濱虚子「満州行前記」（『底本　高濱虚子全集第十四巻』毎日新聞社、一九七四年）、三六〇頁。
(23) 前掲、田畑あい「真葛ケ原から」、八八頁。
(24) 『技芸倶楽部』第五巻第五号、一九二七年、七一頁。
(25) 松川二郎『全国花街めぐり』誠文堂、一九二九年、五〇五頁。
(26) 前掲、高濱虚子「京都で會つた漱石氏」。
(27) 前掲、田畑あい「真葛ケ原から」、九〇頁。

第十章

(1) 以上の作品は、いずれも近松秋江『近松秋江全集　第四巻』（八木書店、一九九二年）に収録されている。
(2) 谷崎潤一郎「黒髪序」（同『谷崎潤一郎全集　第二十三巻』中央公論社、一九八三年）、四三三－四三五頁。引用は四三四頁。ここで谷崎は「別れた妻に送る手紙」を酷評している一方で、「黒髪」については「感銘を新たにした」と述べている。その背景に、「水天宮裏の魔窟」と《安井》の叙景の違いがあるところも興味ぶかい。
(3) 吉井勇「傷心抄」（同『定本　吉井勇全集　第七巻』番町書房、一九七八年）、一五五－一五六頁。
(4) 近松秋江「狂乱」（同『近松秋江全集　第四巻』八木書店、一九九二年）一四六－一九一頁。引用は一六九頁。
(5) 「京都の京都化」という概念については、次の文献に学んだ。荒山正彦「観光空間の形成とそのイメージ」（竹中克彦ほか編『人文地理学』ミネルヴァ書房、二〇〇九年）。
(6) 本居宣長「在京日記」（駒敏郎ほか編『史料　京都見聞記　第二巻　紀行Ⅱ』法藏館、一九九一年）、二一－五九頁。引用は一、二七頁。

（7）岸本水府「京阪神盛り場めぐり」（酒井真人・岸本水府『三都盛り場風景』誠文堂、一九三二年）、八四頁。

（8）舟橋聖一「京舞妓・だらりの帯」（同『風流抄』文藝春秋新社、一九五四年）一二三－一五六頁。

（9）臼井喜之介『京都味覚散歩』白川書院、一九六二年、三四頁。

（10）山本大幹『史蹟趣味　安井神社　金比羅』史蹟趣味之社、一九三〇年。なお、同書では「旅館」と表記されているが、ここでは席貸と読み替えた。

（11）堂本印象「近代風景の東山安井」（大阪毎日新聞社京都支局編『京都新百景』新時代社、一九三〇年）、七八－八〇頁。引用は七九頁。

（12）臼井喜之介「京の宿の分布」（臼井喜之介・瀬川與志『安心して泊れる京の宿』白川書院、一九七二年）、二二－二六頁。引用は二四頁。

（13）近藤利三郎『なつかしの関西ラブホテル60年』レベル、二〇〇六年、三四頁。

（14）前掲、舟橋聖一「京舞妓・だらりの帯」、一五三頁。

（15）井上章一『愛の空間』角川選書、一九九九年。

（16）北條秀司「三月　比良の八荒　夜啼きうどん　青階の間」（同『古都好日』淡交新社、一九六四年）、四二－五五頁、引用は四六頁。

（17）前掲、北條秀司「三月　比良の八荒　夜啼きうどん　青階の間」、四六頁。

（18）谷崎潤一郎「黒髪序」（同『谷崎潤一郎全集　第二十三巻』中央公論社、一九八三年）、八一－八二頁。引用は八二頁。

第十一章

（1）橋本経亮「橘窓自語」（駒敏郎ほか編『史料　京都見聞記　第五巻　見聞雑記Ⅱ』法藏館、一九九二年）、三七－四一頁。引用は三八頁。原著は享和元（一八〇一）年。

（2）『読売新聞』明治一〇年八月七日。

（3）谷重遠「東遊草」（駒敏郎ほか編『史料 京都見聞記 第一巻 紀行Ⅰ』法藏館、一九九一年）、二四五－二六〇頁。引用は二五六頁。

（4）木村探元「京都日記」（駒敏郎ほか編『史料 京都見聞記 第一巻 紀行Ⅰ』法藏館、一九九一年）、二六一－三四三頁。引用は三一八頁。

（5）司馬江漢「江漢西遊日記」（駒敏郎ほか編『史料 京都見聞記 第二巻 紀行Ⅱ』法藏館、一九九一年）、二六四－二六九頁。引用は二六七頁。

（6）十返舎一九『東海道中膝栗毛 下』岩波文庫、一九七三年、七編下、二六七頁。

（7）本居宣長「在京日記」（駒敏郎ほか編『史料 京都見聞記 第二巻 紀行Ⅱ』法藏館、一九九一年）、二－五九頁。引用は二九頁。

（8）渡会恵介『京の花街』大陸書房、一九七七年。

（9）同前、一〇二－一〇三頁。

（10）加藤政洋『京の花街ものがたり』角川選書、二〇〇九年、二四〇頁。

（11）前掲、渡会恵介『京の花街』、一〇五－一〇六頁。

（12）田中緑紅『京の伝説 なんやかんや』郷土趣味社、一九三七年、一〇九頁。

（13）前掲12の引用文中にある「小北山」については、次の文献を参照されたい。岡佳子「北山散所」（世界人権問題研究センター編『散所・声聞師・舞々の研究』思文閣出版、二〇〇四年）、一〇九－一二九頁。

（14）京都中央電話局編『京都市電話番号簿 昭和十三年四月一日現在』京都中央電話局、一九三八年。

（15）中谷礼仁「場所と空間 先行形態論」（植田和弘ほか編『都市とは何か』岩波書店、二〇〇五年）、六七－

九九頁。

終章

1 近松秋江「私の好きな京の街々」（秋田貢四編『夜の京阪』文久社出版部、一九二〇年）、二一―三六頁。引用は三一頁。

2 川口松太郎『古都憂愁』桃源社、一九六五年、三三八頁。

3 前掲、川口松太郎『古都憂愁』、三三八頁。

【図表の出典一覧】

図 0-3　京都府立総合資料館蔵「京都市明細図」SE28 に加筆。
図 4-1　大西亀太郎編『都の花競』大西亀太郎、1878 年、51 頁。
図 5-1　片岡賢三編『帝国京都名所図絵』風月堂、1890 年。
図 5-6　『サンデー毎日特別号』1957 年 8 月、94 頁。
表 6-1　『祇園祭 ねりもの 上・下』・『祇園祭―戦後のあゆみ』より筆者作成。
表 6-2　『祇園祭ねりもの（下）』より筆者作成。なお、聞き取り調査により、誤字の修正を施している。
図 7-2　国際日本文化研究センター所蔵
図 7-3　国際日本文化研究センター所蔵
図 8-2 米軍空中写真（1946 年 10 月 2 日撮影、1 万分の 1）
図 8-3 京都市土木局都市計画課「三訂 都市計画基本図」（大正 11 年測図、昭和 10 年修正測図、昭和 28 年修正）
図 9-3　辻村多助編『都をどり』辻村多助、1915 年。
図 9-4　『洛味』第 2 巻第 3 号、1931 年、72 頁。
図 12-1　国際日本文化研究センター所蔵
図 12-2　黒田重太郎「北野紅梅町附近」（大阪毎日新聞京都支局編『京都新百景』新時代社、1930 年）の挿入写真。

上記以外は、筆者撮影の写真か、加藤政洋研究室所蔵の資料である。

おもな登場人物一覧

磯田多佳（いそだ・たか 1879-1945）元芸妓　10-13, 25, 76, 157, 158, 161-163
上羽秀（おそめ）（うえば・ひで 1923-2012）元芸妓、バー経営　31, 47, 48, 218
臼井喜之介（うすい・きのすけ 1913-1974）詩人　14-16, 38, 39, 192, 193
大佛次郎（おさらぎ・じろう 1897-1973）小説家　31, 45-47, 156
川口松太郎（かわぐち・まつたろう 1899-1985）小説家　31, 47, 55, 93, 95, 217, 218
川端康成（かわばた・やすなり 1899-1972）小説家　29-31, 40, 47, 54, 56, 218
志賀直哉（しが・なおや 1883-1971）小説家　13, 59, 62, 70, 156
高浜虚子（たかはま・きょし 1874-1959）俳人・小説家　27, 28, 100, 104, 167, 169-179, 181, 182
田中緑紅（たなか・りょっこう 1891-1969）京都の郷土史家　99, 123, 124, 126, 148, 207
谷崎潤一郎（たにざき・じゅんいちろう 1886-1965）小説家　11-13, 21, 22, 69, 70, 72, 76, 156-160, 163, 165, 186, 192, 197
近松秋江（ちかまつ・しゅうこう 1876-1944）小説家　6, 10, 13, 25-27, 33, 34, 48-51, 55, 61, 62, 88, 185-190, 192, 196, 197, 216, 218
長田幹彦（ながた・みきひこ 1887-1964）小説家　13, 25-27, 46, 47, 69, 70-72, 86, 88, 155, 156
夏目漱石（なつめ・そうせき 1867-1916）小説家　10-13, 15, 25-27, 30, 38, 55, 76, 157, 167-174, 182, 183
舟橋聖一（ふなはし・せいいち 1904-1976）小説家　29, 90, 94, 192, 195
北條秀司（ほうじょう・ひでじ 1902-1996）劇作家　13, 14, 51-56, 109-111, 196, 218
本居宣長（もとおり・のりなが 1730-1801）国学者　116, 117, 190, 196, 202, 203
吉井 勇（よしい・いさむ 1886-1960）歌人　10, 13, 46, 67, 154-161, 163, 177, 179-181, 187, 192

加藤政洋（かとう　まさひろ）
1995年富山大学人文学部卒業、2000年大阪市立大学大学院文学研究科後期博士課程修了、博士（文学）。現在、立命館大学文学部教員。主な著作に『敗戦と赤線——国策売春の時代』（光文社新書、2009年）、『那覇——戦後の都市復興と歓楽街』（フォレスト、2011年）などがある。

【共著者】
〈第二章・第十章〉
住沢杏子（すみざわ　きょうこ）2013年立命館大学文学部卒業
〈第六章〉
三浦実香（みうら　みか）2015年立命館大学文学部卒業
〈第七章〉
加藤千尋（かとう　ちひろ）2015年立命館大学文学部卒業

モダン京都
〈遊楽〉の空間文化誌

2017年4月28日　初版第1刷発行　（定価はカヴァーに表示してあります）

編　者　加藤政洋
発行者　中西健夫
発行所　株式会社ナカニシヤ出版
〒606-8161 京都市左京区一乗寺木ノ本町15番地
TEL 075-723-0111　FAX 075-723-0095
http://www.nakanishiya.co.jp/

装幀＝宗利淳一デザイン
印刷・製本＝亜細亜印刷

Printed in Japan.　ISBN978-4-7795-1166-0　C0025

モダン都市の系譜
地図から読み解く社会と空間
水内俊雄・加藤政洋・大城直樹 編

近代都市を生産する政治、経済、権力の作用、そこから生み出されるさまざまな社会問題の痕跡を、歴史都市・京阪神とその近郊を舞台に解読。地図や風景のなかに刻み込まれた都市の記憶をたどる。

二八〇〇円

社会的なもののために
市野川容孝・宇城輝人 編

平等と連帯を志向する〈社会的なもの〉の理念とは何か。その歴史的形成過程を明らかにし、それが何であったのか、何でありうるのかを正負両面を含めて明らかにする。暗闇の時代に、来るべき政治にむけた徹底討議の記録。

二八〇〇円

最強の社会調査入門
これから質的調査をはじめる人のために
前田拓也・秋谷直矩・朴沙羅・木下衆 編

「聞いてみる」「やってみる」「行ってみる」「読んでみる」ことからはじまる社会調査の面白さとその極意を、16人の社会学者が失敗経験も含めてお教えします。面白くてマネしたくなる最強の社会調査入門！

二三〇〇円

同化と他者化
戦後沖縄の本土就職者たち
岸　政彦

復帰前、「祖国」へのあこがれと希望を胸に、本土へ渡った膨大な数の沖縄の若者たち。しかしそれは壮大な「沖縄への帰還」の旅でもあった——。詳細な聞き取りと資料をもとに、「沖縄的アイデンティティ」のあり方を探る。

三六〇〇円

表示は本体価格です。